打通親子的任督二脈

這部「祕笈」將幫助家長提升功力，
打通您與孩子間的「任督二脈」，
讓親子間的互動更熱絡、更有活力！

財團法人泰山文化基金會　策畫

【序】你跟得上孩子成長的腳步嗎？

文／吳娟瑜（泰山文化基金會董事、國際演說家）

當我們的孩子已然在社群網站交遊廣闊、四處連結時，我們還停留在一味的叫他們「趕快關電腦！」「趕快睡覺！」嗎？

當我們的孩子離開家門的時候，可以和同儕嬉笑玩樂；但是，一回到家，卻板著一張臉，一語不發。這代表了什麼意義呢？

我們承認現在的孩子很難教，因為他們從小在多元媒體中長大，腦袋已經變得靈巧聰明，往往在大人一句命令後，接著就是讓老爸老媽招架不住的頂嘴。

一位媽媽曾經跟我分享。有一回，她的先生加班回到家，看到十六歲的兒子還黏在線上遊戲不下來，身心俱疲的他忍不住破口大罵：「你不要命了，是不是？」不料，兒子全無反應，還對著螢幕畫面笑嘻嘻的自言自語。待老爸靠近兒子，仔細聽他在說些什麼；只見兒子手敲鍵盤，眼盯著大魔神喊著「砍！砍！砍！」同時還說：「有人又在『起肖』（發瘋）了……」

這位媽媽告訴我：「那時我先生差一點把兒子抓起來揍，幸好我在旁邊，不然……」

類似這種親子衝突的畫面層出不窮。另一位媽媽是擋在家門口，不讓高中生女兒出門，她幾近歇斯底里的對女兒吼叫：「為什麼要去見那個網友？妳不知道這種男人專門來騙妳這樣無知的女孩……」女兒在和媽媽爭吵扭打中趁隙脫逃而出；已經披頭散髮的媽媽，則跌坐在家裡嚎啕大哭……

她告訴我：「我是一個徹底失敗的媽媽啊！」

泰山的校園講座有口皆碑

面對社會、學校、家庭各種此起彼落的親子問題，泰山文化基金會在泰山企業總裁詹仁道先生、執行長黃翠吟小姐帶領之下，早已在二十多年前看出社會變遷可能衍生的親子衝突，多年來在台灣各地推廣家庭教育，舉辦「真愛家庭」校園巡迴講座。

「推廣家庭教育及增進心靈成長」的理念，使得一粒粒成長的種籽悄悄在許多家庭萌芽、茁壯、成長。而這些種籽的功效，就是把最好的教育理念和教養方法帶進家庭裡，讓身為父母者儘速改善和子女的溝通模式，協助孩子建立正面的人生觀；還有，當碰到困難挫折時，亦可以擁有堅強樂觀的態度和勇往直前的能力。

在這過程中，我們也要佩服泰山文化基金會的前瞻性。多年來，基金會挖掘了許多專業的親子教育講師，從各個不同的面向提供家長積極成長的訊息，同時引介學界與實務上的新觀念，讓父母能跟上世界潮流，適時的拉孩子一把。

本書各篇原是基金會親職講座內容，感謝謝蕙蒙小姐整理摘錄，刊登在《泰山真愛家庭》期刊上。忝為泰山文化基金會的董事之一，我也非常感激慈濟傳播人文志業基金會的熱心合作，將其結集出版，讓這些緊湊扎實的教育理念更能廣為流傳，幫助許許多多的父母子女。

十七位傑出講師的貢獻

這次出版的《打通親子的任督二脈》，就是一本家人可以共讀、並且共同成長的好書，收入了十七位傑出知名講師的真知灼見。當我一睹為快、一口氣讀完時，不禁對自己說：「哈——原來還有很多我需要學習的知識啊，好感激！」

例如，蕭文教授提到「我們面對孩子的管教，與其設立很多的規章，還不如用開放的態度，讓孩子自己來發覺、探索自己的問題所在。」

又如吳金水教授說：「根據心理學研究，孩子成長的早期，是人格發展的關鍵期；如果教育的方式不當或錯誤，禍根會潛伏至十二歲，當面臨青春期身心發展發生巨大變化時，才開始算總帳。」

這些都提醒了家長及早改變孩子教養模式的重要性。此外，也有講師們從實務面提醒父母改進的方向；例如，張資寧老師便提到從三個方向去瞭解青少年的需求：一、隱私的需求，二、被愛的需求，三、獨立冒險的需求。

黃素菲老師則說到：「良好的親子關係是要及早建立的；在孩子學習與成長的階段，不要讓親子間的互動只剩下課業層面，而其它都很空洞。」

董媛卿老師更細緻的要父母學習如何教出有觀察力的孩子，讓他們能「看到、細看、看出關聯、整合連結」。

連林覺隆老師都忍不住邀請「男人們回家吧！——別做缺席的父親」，要男士們樂意做一個聆聽孩子內在心聲和陪伴成長的好爸爸。

這些親子教養的理念和方法是需要細細思量和琢磨的。為了跟上時代脈動，為了用對方法來教養孩子，我們身為父母的人實在是責無旁貸。

當孩子對我們大小聲的時候，當孩子極力掙脫的時候，當孩子怒目相視的時候……我們就是要勇敢的問自己：「我有跟上孩子成長的腳步嗎？」

然後透過本書裡各名師的指點，一再思索、一再省察，然後勇於修正，我們一定會看到家人共同成長的方向和重整的機會就在眼前了。

絕不、絕不、絕不要放棄呵！

做個有效能的父母——你的管教觀念落伍了嗎？

對於孩子的管教，與其設立很多規定，還不如用開放的態度，讓孩子自己去發覺、探索自己的問題所在，並且試著走進他的生活、走進他的思考、走進他的行為、走進他的夢想中，這就是民主。

／蕭文（暨南大學教務長兼輔導與諮商研究所所長）

很多父母常問：孩子什麼時候才會長大、變懂事一點？也有父母感嘆，孩子大了就完全變了，變得讓人覺得陌生而不容易瞭解……不知你是否也有同感？

記得我家老大小學六年級時，有一天回來對我說，他不要再用舊的水壺了。我覺得很奇怪，那個塑膠水壺才用了一年多，並沒有壞啊？我就問他為什麼，他說：「這個水壺好幼稚，好像小孩子用的！」讓人聽了既好氣又好笑，這孩子以為自己多大年紀啊！

時代不同，管教觀念該變通

這件事也讓我警覺到，當孩子漸漸「長大」、不想再當「小孩」時，父母究竟該如何看待，很可能就是親子關係良窳的一大關鍵。例如，當孩子開始喜歡打扮自己，每天早上都在浴室裡「摸」上半天；頂上明明沒多少頭髮，也要拚命把額前吹出一個漂亮的弧度……你對此有意見，他卻說：「我們班上都是這樣子！」讓你拿他沒辦法。

還有早餐時間，孩子的動作從來沒快過，總要父母在一旁連吼帶罵的催他：「動作這麼慢，上學要遲到了，還不快一點！」或者是，看不慣孩子大冷天穿太少，逼他多穿一件，他卻說：「穿多了同學會笑。」

幾次下來，孩子會不會覺得，只要在家吃早餐就會挨罵，還不如自己出去買三明治？親職專家鼓吹的「全家人一起吃早餐」，反而變成親子戰爭的導火線，再好的美意也都變惡意了。

為什麼連「穿幾件衣服」這種事，親子之間都會發生爭執？這是因為，做父母的總是擔心孩子受涼、生病；但仔細想想，我們年少的時候，不也常因不願多穿衣服而被父母叨念？

天底下為人父母的，好像總是不自覺的站在對立面去管教孩子；孩子

小時或許還能奏效，但孩子大了就可能有所反抗，而漸漸出現「管不動」的情形，讓父母覺得管得很累。這就是父母的「效能」不佳，導致親子互動不理想。

父母親必須意識到，孩子成長到青少年階段，他們的想法就已經跟過去的兒童階段完全不同；必須充分瞭解今天的青少年到底是怎樣的一群人，才能瞭解孩子的心理，並扮演好父母的角色，成為所謂的「有效能的父母」。

年少輕狂，自我觀念相當強

時下青少年說話常強調「我」這個字，像是「只要我喜歡，有什麼不可以」、「我有話要說」等流行語。在青春期的孩子眼中，「自我」是最重要的；這和我們過去的成長經驗，可說是完全不同。

四十歲以上的家長應該還記得，我們那時最常看到的標語是「時代考驗青年，青年創造時代」之類的；「青年」只是一個集體名詞，根本不強調「我」；或是只有「大我」而沒有「小我」，因為大家談的都是國家、社會、規範、責任，而不是個人的小情小慾。

記得我讀高中時，有一次我們班同學在校外和人打架，教官第二天把我們全班集合大罵一頓，最後說：「你們愛跟別人打架我不管，但要記得先把你們的制服脫下來，去打死了我也不管！」因為「制服」代表學校，穿著學校制服和人打架有損校譽，這就是「大我」的意識。

可是，曾幾何時，我們的孩子和我們那個時代的觀念相差那麼多！他們開口閉口都是「我怎麼樣、我怎麼樣。」每句話好像都在告訴你：「我比你了不起，你要聽我說！」所以，面對這種自我觀念非常強的孩子，在輔導過程中就必須拿出不一樣的方法，才能教孩子心服口服，而不是陽奉

陰違。

雖然許多親職專家一再強調，要站在孩子們的角度來跟他們互動；但是，有幾位家長做得到？因為我們都是在矛盾中長大。當我們在管教孩子時，一定常說：「我是你爸爸（媽媽）耶！你要聽我的！」因為我們從小就深信「天地君親師」五倫的觀念是天經地義的，所以我們也自然認為孩子們聽話才是對的。這種親子關係遲早會出狀況。

凡事都管，不如輔導去試探

在和孩子互動時，我們該扮演「嚴父」還是「慈母」呢？這點常讓大家覺得很困擾。

我有一次參加一個青少年問題研討會，與會者對「訓導」和「輔導」做了一番討論，最後的結論是——「什麼事都要管，禁止孩子們犯規」是

「訓導」；「輔導」並非盯著孩子們說「這個不能、那個不行」，而是要讓孩子們有機會去探索自己，讓他們自己去體會什麼事能做、什麼事不能做。

舉例來說。如果家有兩三歲的小孩喜歡玩火，看到點蠟燭或瓦斯爐時會很興奮的想去摸，我們通常的教育方法一定是罵他，或是打一下他的手心說：「不可以，會燙燙呵！」可是，這樣就會降低他的好奇心而不去玩嗎？不可能，孩子只是在我們看得到的時候不敢玩，只要我們一不注意，也許就出事了。

我們如果只是禁止孩子不准做這、不准做那，而沒有告訴他為什麼不准做、做了會有哪些後果，這就像「嚴父」的角色，只知一味禁止。相對的，「慈母」的角色則是要帶著孩子去試探一些我們原本會禁止他去做的事情。

我曾親自帶孩子去過一次電動玩具店，和他一邊玩、一邊叫他注意觀察旁邊那些人是什麼樣的人？吃、喝些什麼東西？花多少錢？

孩子告訴我：「這些人好奇怪，還那麼年輕，不讀書又不上班，哪來這麼多錢玩電動？又抽菸、吃檳榔，看起來就不像是好人！」結果孩子當下決定，以後再也不去電動玩具店。如果我們只是要求他不要去，絕對達不到這種效果。

開放思考，孩子甘願受引導

假如你三番兩次警告孩子放學後要直接回家，千萬不要轉到漫畫店或電動玩具店去玩，孩子即使答應了，並不代表他一定不會去；有時受不了誘惑，他還是會偷偷去。因此，不管你是扮演「嚴父」或是「慈母」，都難免有挫折感。究竟是孩子太壞，還是我們做父母的有問題？

因此，對於孩子的管教，與其設立很多規定，還不如用開放的態度，讓孩子自己去發覺、探索自己的問題所在。

不要期望他們還像小時候一樣，父母說什麼他們都會聽；而是要設法走進他的生活、走進他的思考、走進他的行為、走進他的夢想中，這就是民主。只有用這種方式，我們才有機會去引導我們的孩子，而不是讓他們離我們越來越遠。

要強調的是，「嚴父」和「慈母」並不一定是固定的身分；爸爸有時候可以扮演慈母的角色，而媽媽也可以成為嚴父管教孩子。

在改變孩子行為的過程當中，不能一味要求速效，希望孩子把不好的行為馬上矯正過來，這是絕對不可能的；只能要求他在能力範圍內儘量去改，哪怕是一點點，我們也要給他鼓勵。

比方說，孩子本來就沒有一回家馬上做功課的習慣，怎麼可能因為父

母罵他一、兩次，他就會改變？更糟的是，有些父母因為孩子老是罵不聽，就用更嚴厲的方式來教訓他；結果不但未能達到目的，反而可能把親子關係越弄越糟。

放下身段，幽默一下更圓滿

所以，要做個有效能的父母，就要注意孩子的特質、挖掘孩子的優點，並找機會告訴他們或讚美他們；哪怕是一點點的鼓勵，都能讓他們越變越好，而不是一味要求他們照著你的想法，變成這樣或那樣，讓他們覺得自己老是達不到父母的標準而灰心。

其次，要改掉孩子某個偏差行為，首先要尋找一個健康的行為來代替。比如孩子喜歡打電動玩具，屢勸不聽，不妨找一個競賽型的遊戲來引起他的興趣，像是籃球、模型飛機等，讓他從中獲得相同的成就及滿足，

建立健康良好的生活習慣，便能漸漸遠離偏差行為了。

要特別注意的是，要做有效能的父母，很多觀念都要重新建立，其中一個就是要放下身段，多瞭解一點孩子喜歡的偶像、遊戲和服飾等，可讓親子關係的連結更緊密，循序漸進的達到更有效的溝通和潛移默化的作用。

當孩子小的時候，我們跟他們說話，是不是常試著用童言童語跟他們溝通？我們會說：「吃果果、坐車車！」而不是：「吃水果、坐汽車。」即使有些教育理論認為，後者比較有助於孩子們正常語彙的發展，但前者卻會使孩子們感到很興奮，覺得跟父母產生了某種連結。

因此，學習「放下」，偶爾幽默一下也不錯。所謂「幽默」，並不是講講笑話，而是放輕鬆，有時改變一下生活方式、改變一下說話的口氣，學習放下我們的成見及對孩子「成龍成鳳」的期望，包容他、接納他，才會看到孩子的長處，甚至連缺點都會看成優點，親子關係自然會越變越好。

（本文為演講整理摘錄）

父母心經——愛孩子之前先愛自己

唯有真正和自己的情緒和平相處，才能磨練出靈性的成長；在善待自己有餘之後，方能產生疼惜孩子的力量。

／蘇麗華（臺灣世界展望會北區辦事處主任）

有位媽媽叫姊姊去管教弟弟，姊姊說：「沒問題！」結果她發現，「管人」真累！每天都要不斷的重覆提醒相同的事，有時好像說了也沒用。她索性去買一隻鸚鵡放在弟弟頭上，讓這隻鸚鵡每天重覆說：「不可以看電視！趕快去讀書！不要太晚睡……」

這故事雖然是一則笑話；不過，若是父母親天天跟在孩子後面叨念，臺詞千篇一律，豈不就像那隻鸚鵡一般？如果這叫做「溝通」，孩子會不會早就背得滾瓜爛熟？你還沒有說完這一句，他就已經知道你下一句要說什麼，聽到最後便麻木了，你說一下他才動一下，你不說他就不動。如此帶孩子真是辛苦。

何必叮嚀反覆，不知不覺變成鸚鵡

你又是怎樣對待自己呢？小時候的「鸚鵡」還在嗎？即使你已是個成

人，腦子裡面是不是重複著一些挑剔自己與別人的聲音？讓鸚鵡飛走吧！你已不需要牠了！你可以做自己的主人，一個有選擇自由的人；當你讓自己自由，與你相處的親人方能得到自由。

例如，我以前常提醒小女兒收拾房間；本來是好意的，希望她養成隨手收拾房間的習慣。有一天老大告訴我：「妹妹覺得她這一輩子幾乎都在收拾房間。」

我說：「這有什麼不對嗎？她的房間老是亂七八糟，沒有收拾乾淨呀！」

後來我警覺到，這本來是小事，卻因為我常常說她，在她的主觀感受上就是：「媽媽不喜歡我，我是不好的，因為我房間亂七八糟。」我好意地再三提醒，不但無法讓她「動」起來，反而造成她的壓力與負擔。於是，從那天開始，我下定決心再也不講了，畢竟那是她自己的房間。

你對自己有信心，對孩子也要有信心；孩子沒有你的提醒，不一定就會忘記收拾房間。我觀察到，當我不再不斷提醒她之後，孩子也會主動去做——當她覺得自己房間太亂、看不過去時，或是有同學要來家裡做客時，或者某次心血來潮的時候……總之，一個月三十天，她至少有三天會收拾房間。

當我學會放下，不再記掛這件事時，我和孩子之間的關係、彼此看待的眼光就完全不一樣了。以前每次看到老二的時候，就只看到她的房間沒收拾，沒看到她其他方面的美麗之處，弄得親子關係很緊張；後來放下這分執著，看待她的眼光變得不同，她快樂、我也得以輕鬆！

不管工作多忙，關懷家人可不能忘

曾在網路上看到一則故事：一群企業家一起去聽演講；結束前，演講者建議企業家們回去後做一件好事。有一位企業家想了想，決定要為自己兒子做一件好事。他回家時恰巧看到兒子正在陽台上眺望遠方，就輕拍了一下孩子的肩膀，把正在發呆的兒子嚇了一跳。

因為這位爸爸平時很少與兒子聊天，一時之間也不知該說什麼；於是他脫口而出：「你身上的錢夠用嗎？」

兒子說：「夠呀！」說完後就低頭走回房間去。

爸爸覺得很奇怪，跟在孩子後面說：「如果錢不夠用，爸爸身上有，要告訴我呵！」

隔天，這位企業家接到一封他兒子寫的信：「生命太神奇了！當我站在陽台上想著要不要跳下去結束生命，我剛好聽到你一句關懷的話，接觸到你的眼神，體會到你是真的關心我；所以我想，這就是值得我繼續活下去的好理由。於是，我決定活下來了。」

看了這個故事，你是不是覺得「好險呀！」是的，不管你有多忙，也別忘了「關懷」的重要；即使是身邊最親近的家人，也需要你不時給予關懷與鼓勵；重點還在於，怎麼做才能讓人感受到？

若想要去愛別人、關懷別人，必須是你已經給了自己很足夠的感情，而且還有剩餘的力量，才有能力分給別人；反之，如果你身上沒有，或是從來不曾擁有過，又怎麼能分給別人呢？

內功底子不足，情緒容易隨境起伏

坊間談親職教育的參考書很多，大多談溝通藝術、方法和技巧，我稱它為「外功」；那些技術雖很重要，但更重要的是「內功」。在中國功夫裡最上乘的武功便是「內功」；如果「內功」底子打得深、打得好，再加上基本的外功招式與技巧，就能讓人運用得如魚得水了。

有些缺乏內功的人，每天都會發生「地震」——人家隨便說一句話，他的內心就會震撼、動搖不已；人家的一句話、一個眼神、一個動作，都會令他生氣、難過、五味雜陳，有如地震一般。反之，如果你內功基礎打得好，可能要碰上像九二一那種大地震，才會感到震撼。內功其實就像是心靈的地基，應該如何修鍊，才能「八風吹不動」呢？

北宋的大文豪蘇東坡，有一次寫信給他的好朋友佛印禪師，信中說：「我現在修身養性的功夫，已練到『八風吹不動』、什麼事情都驚擾不了的境界了。」

佛印的回信裡只有兩個字：「放屁」。

蘇東坡一看十分生氣，馬上動身找他理論。兩人住的地方必須渡江；當蘇東坡到達佛印住處時，佛印不在家，只見門上有張紙寫著：「八風吹不動，一屁打過江。」意思是說：「如果你真的『八風吹不動』，為什麼

會因區區兩個字便氣得渡江找我理論呢？」

這個故事讓我引以為鑑。當我覺得自己修養很好、或者帶孩子的功夫不錯，甚至覺得自己在待人接物方面很有一套、而感到有點得意時，總會碰到一些小問題，似乎冥冥中在考驗我是否真的經得起試煉。孩子往往便像一位出題目的老師，不斷測試我們是否已經修到「八風吹不動」的境界了。

多用正向鼓勵，孩子就能自信積極

我所謂的內功有兩方面：一是你是否允許自己犯錯？接不接納自己的缺點？你有沒有好好看待自己的優點？有沒有去發揮它們？

其次是情緒的管理。很多人誤以為修養好的人都是不能生氣的；其實，真正的情緒管理，並非不許人有負面情緒，而是教人應如何面對，給自己和他人空間去處理自己的喜怒哀樂，才不致壓抑、自責，一直停留在負面情緒當中。

我相信，每個人生來心裡都有錄音帶在錄音，從小就開始錄下重要關係者對自己的評論，而且照單全收。比如，當你帶孩子出去看朋友時，朋友說：「哇！你兒子好帥呵！」你回答：「沒有啦，只是出門時會打扮一下，否則他在家都很邋遢的。」朋友誇孩子書讀得不錯，你卻說：「沒有啦！你不知道他上次考得多爛，這次是僥倖。」

孩子會不會把這些話錄下來？當然會！因為你對他而言是很重要的人，你說什麼他就錄什麼。這就是為什麼我們長大以後總是看不到自己，因為我們錄了太多自己的缺點，錄了太多朋友、父母、老師對自己的說法；若是你成長過程的成功經驗又不巧地很少，如何能培育出自信的自我？

我們若是真愛孩子，應看孩子積極、正向的那一面，多多鼓勵他在做事過程中的努力，而不是看他贏過多少人，這才是比較重要的。我不太喜歡對孩子說：「你很棒呀！媽媽在忙時，你都會主動來幫我。」表面上這句話似乎沒有錯，可是這樣一來，我也在暗示他要做某些事情才能討好我。

我比較喜歡孩子是自發的、歡喜的、心血來潮的去做；是他真心的認為媽媽累了、想為媽媽做而做。所以，我在鼓勵孩子時會十分小心用語，希望讓孩子認為他可以做自己的主人，而不是為了討好某個人而去做某些事。

情緒隨時會變，不會總是停在冬天

人的情緒就好像春夏秋冬四季一般，有著不同的面貌。

心情很平靜、愉快、滿足、幸福、舒服，有如春風拂面一般，就像是春天；很亢奮、躁鬱、煩躁、很high、很酷、很火，就有如夏天；傷感、失望、難過、孤單、寂寞、有些無力感，這就像秋天；覺得沉痛、絕望、沮喪、放棄、痛苦、悲憤莫名，便像是冬天。人的情緒有那麼多種變化，如果你能夠知道自己正處在哪一季，而別人又是什麼季節，對應起來或許會比較容易。

比方說，你在春天的情緒中煮了四菜一湯，等先生、孩子回家吃飯；可是，孩子一回到家卻說：「我不想吃。」他可能在外面受了委屈、太累或壓力很大……反正，從他的情緒反應裡，你可以知道他正處在秋天或冬天。

你在春天裡興沖沖的邀孩子一起來吃東西，卻沒想到碰了一鼻子灰，原本的好心情可能就被破壞了，跟著掉入秋天或冬天的情緒之中：「你是什麼意思？一回來就用這種態度，討厭和我說話嗎？」

接著爸爸回家了；他一進門看到一桌好菜，很高興的說：「哇！今天晚餐有這麼多好吃的菜呀！」卻看到媽媽嘟著嘴，向他一直抱怨孩子的不是。

爸爸本來是夏天的情緒，被媽媽一帶，不小心也跑到秋、冬去了，便跟媽媽一起罵孩子，所有人的情緒就這麼都掉入嚴冬之中。這下子，就算一家人好不容易坐下來吃晚餐，誰還吃得下去呢？一桌子的菜含有多少情緒毒素？

你應該常提醒自己，一個人的情緒不會永遠是冬天的。當你在春天時，可以邀約他來春天散步；而發現對方的情緒正處在冬天時，不妨尊重他，讓他在冬天多待一會兒，不要勉強他；你自己則保持在春天，等對方走出冬天的情緒、自己願意說出來的時候再來溝通吧！

也就是說，當兩個人的情緒都同在春風裡的時候才可以談心呀！這就是我們所說的情緒管理；原則就是同步陪伴，教你認識自己、瞭解他人，進而接納別人與自己。

●重新認識自我，演好個人獨特角色

你怎麼看自己？看到了什麼？不妨用點時間想一想，你常覺得自己很美麗或是更常想到自己不漂亮的一面？

當你能看到自己美好的地方時，你的生活滿意度會比較高；因為，知道自己好在哪裡，就會充分地發揮，更能付出、貢獻、分享，那是一種對自己的喜悅與滿足。

相反的，如果只看到自己不甚滿意的一面，便會耗費所有的精力，天天與自己的缺點拔河，輸了就痛苦自責；日子過得這樣不快樂，如何還能保持品質良好的親子關係？若是不愛自己，便沒能力去愛別人；看自己討厭，看別人也不順眼。

這世界就像一個大舞台，每個人都會依照自己的個性、資質、機會、偏好去表演；人人都擁有自主權與選擇權，不管演什麼角色都是獨一無二的，他該怎麼演也沒有一定的標準答案。因此，唯有尊重自己、也尊重他人的獨特性，不要把別人視為自己的所有物，或讓自己變成某人的附屬品，即使對自己的配偶與孩子也一樣；即使他們和你很「親」，但也不屬於「你的」！

所以，當你說你愛丈夫、愛太太、愛孩子時，請先學會多愛自己一點；因為其他人可能都很忙，不會有人時時刻刻注意到你、肯定你或給你

掌聲，你就是你自己最忠實的支持者，唯有你才能給自己最大的關懷與掌聲。

善待自己有餘，疼惜孩子更加有力

首先，你要把自己當成服務對象，跟自己「搏感情」，溫柔的對待自己還不能改善的缺點，練習無條件的接納；像是已逝的歌星鄧美儀，便能接納自己的肥胖、還能娛樂大眾，帶著幽默來看待自己的不完美。

其次，要多練習和自己的心情起伏相處。就像春夏秋冬四季會開出不同的花朵，每一季的花皆有其特色；只要我們懂得欣賞，必能對上帝創造四季的安排有所體會。

能夠誠實而溫柔的對待自己的人，對待別人也必能展現優雅的氣質與風範，這就是為什麼我強調：「人要先學會愛自己，才有餘力去愛別人」。如同我們若想以捐款或布施來幫助他人時，必須是自己有多餘的財

物才辦得到，並沒辦法給別人自己也缺少的東西。

唯有真正和自己的情緒和平相處，才能磨練出靈性的成長；在善待自己有餘之後，方能產生疼惜孩子的力量。

（本文為演講整理摘錄）

親密而有點距離——營造和諧的家庭氣氛

當孩子進入青春期，我們要慢慢放手，把該是孩子對自己負責的部分交還給他，不要事事干預，給他空間學習自我管理。

／黃心怡（諮商心理師）

你有多久沒有對孩子說「好話」了？有一次演講，我問現場家長最常對孩子說的一句話是什麼？回答「去寫功課」的比例最高，其次為「去洗手」、「今天考得怎麼樣」、「把電視關掉」、「在學校好嗎」……

可是，你愈常說的、愈想提醒孩子的，往往會反而讓孩子想抗拒或是強化了他某些不良行為習慣。因為語言是有暗示性的，你每天重覆跟他說，無疑就是在不斷的提醒他——他就是你所擔心的那樣：不會主動洗手或寫功課，一直看電視不念書……

家要放鬆，別讓人感到沉重

有個孩子曾對我說，他每天都會拖到最後一分鐘才在該回家的時間回去；如果比平常早個五分鐘到家，還會讓他覺得「虧」大了。

我問他為什麼不願早回家，他說：「黃老師，你沒去過我家，不能體

會我的感覺。」他感覺那個家「烏煙瘴氣」，一回去好像有很多雙眼睛盯著自己瞧；即使他坐在房裡，也感到像芒刺在背、如坐針氈，無法安心念書。偶爾從房裡走出來五分鐘，只是想上廁所、喝杯水，他媽媽就會開始追問：「功課寫了嗎？」或「書念好了嗎？」讓他趕快再鑽回房間去。

他的話讓人很感慨。我們不妨想一想，自己的孩子回到家，是感覺氣氛凝重？還是感覺放鬆、恨不得想趕快回家？

青少年階段正在慢慢形成自我形象，會透過與他人的互動而建立對自我的看法，也就是「自信」的建立。自我價值感高的人，他會比較願意嘗試、願意學習，也會比較主動；而自我價值感低的人，特質則是會比較退縮，裹足不前。

父母每天對孩子說的話，便是在提醒他目前是個什麼樣的人、未來可能會成為什麼樣的人。因此，為人父母者千萬不可疏忽自己的習慣語言或

行為。

再三提醒，負面暗示就成形

試想，如果一個孩子脾氣不太好，他的父親一天到晚對他說：「你的脾氣再不改，以後會很糟糕。」媽媽也勸他：「你脾氣別這麼差，否則沒人會喜歡你。」加上學校老師提醒他：「XX同學，你脾氣太差了，要自我控制一下。」他的同學也跟著說：「你這人脾氣火爆，我不要跟你玩。」

請問，身邊有這麼多人都在「提醒」他，這個孩子的脾氣能變好嗎？

不會的，只會愈變愈差。父母應該會發現，每次催促孩子動作要快點，非但沒有任何效果，孩子反而變得更慢；想叫他幫忙做點家事，總要提醒很多遍。看到他慢條斯理的樣子，很多父母都會想：「算了，別再叫

他了，自己做還比較快！」孩子也就樂得輕鬆。

有些父母會疑惑的問：「叫他快都快不了了，再不叫他，不就會更慢了嗎？」

問題的癥結就在這裡；既然你知道一而再的催他、提醒他都沒有用，為何還要一直重覆呢？

不如想一想如何對孩子說好話，讓他感到回到家時心情愉快一點，念書也比較有效率；而不是老掛著一張臭臉，想到「又要被罵了」，或是被「你不可以怎樣怎樣」等負面言詞包圍，心情不斷地往下掉——如此一來，家庭氣氛怎會好起來？

一定要說好話嗎？其實，也不是局限於「好話」。我們不妨這麼想：一天中能與孩子相處或者是能講上話的時間，也許才三、五分鐘，大都是上班、上學回到家時，彼此當時都很累了；在這麼短的時間裡，你認為，

跟孩子在一起做什麼或對他說什麼，是你覺得比較有意義的事？

適度留白，少點壓迫更精采

人與人之間的相處，不論是親子關係還是兩性之間，再親密也應該要適度地「留白」。就像觀賞一幅畫，最好的境界就是畫中的「留白」；如果畫得太滿、完全不留一點空隙，那幅畫必定讓人看起來很有壓迫感、不太舒服。親子關係也是一樣；給孩子一點空間，彼此保持一點距離，有時比說什麼更有用。

幾年前有一名青少年找我心理諮商。談話至傍晚、將近結束時，他問我晚上要做什麼；那天晚上剛好有一個父母成長團體的課程，我就順口問他有沒有建議，可以給這些父母上什麼課。

他竟鄭重其事地告訴我：「我覺得，你最好教這些父母親離我們青少

年遠一點！」我聽了當下一愣。後來想想，這句話不但有趣，而且還滿有道理的。

確實，在青少年這個階段中，千萬不要奢望你和孩子能夠更親密靠近。尤其是原本管教很嚴格的父母，此時看到孩子離自己愈來愈遠了，更容易感到緊張；於是，「怎樣讓親子關係更親密」的話題，總能吸引許多父母的關心。

其實，青春期孩子所渴望的親子關係，是想與父母保持一定的距離，有需要時才跟父母談，與小時候那種形影不離的親密關係有很大的不同。

他不會覺得你每天煮好吃的飯菜給他吃，就表示你們的關係很好；反而認為真正的親密是：原本禮拜天全家人約好去戶外活動，周六晚上有個同學打電話來約他第二天去逛街，你還能同意他選擇跟朋友去逛街。

這並不表示你們的親子關係不夠親密；而是在這個發展階段中，孩子會比較想擁有個人的空間；在這獨立的空間中，他除了念書之外，可以做些自己想做的事，像是聽聽音樂、與朋友打籃球等。

保持距離，不影響親密關係

有些父母會擔心，和孩子之間的對話這麼少，平時又沒有太多時間講話，會不會影響親子關係呢？所以一逮到機會，看到孩子寫完功課，正在看電視或上網，就趕快坐在他旁邊有一搭沒一搭的跟他聊；這反而讓孩子覺得好不容易有個休息時間，耳根子還不得清淨，未必感謝你的「苦心」。

這時，父母最好的作法其實是不要干擾他，只要在旁邊照常做你自己的事；這對孩子來說就是最理想的家庭生活了。

有一天，當孩子說不想跟你出去吃飯，或是原本計畫全家一起出門、

他卻想一個人留在家裡，你也不需要太在意或擔心會失去這個孩子；這只是青少年發展階段中的一個過渡現象，並不是永久的「定型」。

習慣對孩子叨念的父母，到了這時期勢必要有所調整；否則，講出來的話很容易被孩子當「耳邊風」，甚至變成「背景音樂」，置若罔聞，這才是危險的。

因此，如果你的孩子還願意跟你出去吃飯，那真是值得珍惜的。我們若想要繼續維持這種良好的親子互動，吃飯時最好不要刻意講太多話，尤其是不要讓他感覺像批鬥大會一樣，不能好好吃個飯，下次大概就敬而遠之，不願再參加家庭活動了。

親子互動，常出新招更管用

在親子互動中，我們不單要瞭解該怎麼對待青春期的孩子，包括跟他

說什麼、做什麼；同時也要思考，這些言行對孩子是否有意義？

例如，有個孩子回家時間比平常晚，進了門什麼都沒說，卻擺著一張臭臉直接走回房間去；父母看了非常生氣，衝進房裡罵：「你這什麼態度？晚回家也不打個電話？」劈里啪啦的說了他一頓。下一次，孩子還是照樣晚回家卻不打電話。相同的戲碼就一直在他家重覆上演著。

我問他：「犯了錯難道不會覺得不好意思嗎？」

他說：「會！」

「那為何不對父母解釋或道歉，卻直接走回房間呢？」

他的回答真令人莞爾，他說：「反正他們一定會追進來問！」

在孩子的邏輯中，父母要罵就讓他們罵；等他們發完脾氣，雙方就扯平了。所以，他也不會反省自己的行為對不對、該怎麼做比較好。

假如你也碰到相同的困境，每次都是「追進去，罵一罵」，情緒發洩完了，問題卻沒有解決；那麼，我建議你趕快換一個方式，不要再追進去，這樣做完全沒有意義。罵完之後，親子雙方都不愉快，孩子也不會從中獲得任何成長，反而是做父母的你感到挫折。

有個學生曾告訴我，他媽媽自從上了一些成長課程後，改變了很多；以前總愛追進房間對他嘮叨不休，後來都不會了。有一次他犯了錯，賭氣回到房間，待了好長一段時間卻不見任何動靜，到了吃晚飯時也沒人叫他；這下子他反而覺得怪怪的，不敢再跟父母嘔氣了，趕快自動自發做好該做的事。

可見，親子互動的方式並不是一成不變的。如果你的方法已經「老套」了——還沒有開始，孩子就知道你準備說什麼、下一步會做什麼，他就好整以暇的等你一樣樣拿出來「演」；這樣的互動，其實只是消耗雙方的能量，對親子關係的改善一點助益也沒有。

事事操控，孩子就愈不想動

親子關係就像玩蹺蹺板；當有一方施力較多時，另一方就可以輕輕鬆鬆的坐著，完全不花一點力氣。同樣的，若父母做得愈多，孩子也就容易變懶、變得不想動；他不會意識到父母到底在「嘮叨」什麼，這些「苦口婆心」的話跟他有什麼關係？

畢竟，逃避壓力、光說不練、缺乏反省的能力，都是青春期孩子常出現的特質。在「轉大人」的過程中，有些孩子是一遇壓力就快速閃開，擺出一副事不關己的模樣；有些孩子則是一直壓抑在心裡，不知怎麼排解，最後得了憂鬱症。

青少年常說「等一下、等一下」或「我知道、我知道」，可是光說不練，行動和想法常有很大的落差；你會發現，他們往往話說得很多，可是真正付諸實行的很少。

有些孩子被問到將來想做什麼，他們就聳聳肩：「去問我爸媽好了。」因為，將來怎麼樣，反正爸媽都會幫他安排好，他們無所謂，只要照著做就是了。這樣的孩子，腦袋空空的，什麼都不想，到底自己要做什麼比較好都不知道，你叫他對自己負責，可能嗎？

有學生告訴我，他月考成績退步了五名，他媽媽就哭得很傷心；他覺得很奇怪，「是我考壞又不是她考壞了，她哭個什麼勁兒呢？」這就是青少年，典型的一切以自我為中心；如果你不瞭解青少年的特質，就無法輕鬆地與他們相處。

慢慢放手，讓孩子學習負責

一個有「覺知」的父母，第一件要學習的是有「停下來」的智慧。對孩子沒有用的方法，能不能停下來？對親子關係有損傷的責備和辱罵，能

不能停下來？這些都是我們自己的功課，不是孩子的功課；假如連你都停不下來，怎能教導孩子學習自我控制呢？

停下來，不再說什麼，讓孩子自己去想：「為什麼要改變？」「為什麼這麼做比較好？」這是一種「反思」的能力；即使他的行為在短時間內看不出有多大的改變，但至少那種影響彼此的負面能量會降低很多，這才是最重要的。

當孩子進入青春期，我們要慢慢放手，把該是孩子對自己負責的部分交還給他，不要事事干預，給他空間學習自我管理。在有限的親子相處時間內，找些對彼此更有意義的事來做，而不是一看到他就想叮嚀他、提醒他、或是催促他，好像每天都在趕時間一樣，叫他做這個、做那個，雙方都會因此覺得很累。

關心他、陪伴他，不需要長篇大論，只要多一點耐心等待，孩子總有

一天會走過青春期；這段時間的緩慢摸索，終將培養出他對自己負責的能力，也是他邁向成年的最大人格資產。

（本文為演講整理摘錄）

「愛心」為何變成「害心」？——解開教養的迷思

現在把孩子教到不需要為他煩惱，你以後就不必再為了孩子勞心勞力了！畢竟，我們無法陪孩子一輩子，不要剝奪孩子練習解決問題的機會。

／馬信行（前政治大學教育系教授）

每天傍晚時分，總會看到很多人在戶外遛狗，我心裡就想：「這些人為什麼肯花很多時間遛狗，卻不願意去陪陪老人家呢？」孩子大了或結了婚往往就搬出去獨立，往往一年才回家看父母一次；有時甚至忙得沒有時間回家，將年邁父母奉獻一生照顧自己的恩情拋諸腦後；還有棄養老人的情形，電視上也常報導。讓人不禁感嘆，養兒育女大半輩子，到底是為了什麼？

想養兒防老，不如把孩子教好

在以前，還會有人說：「我教小孩是為了以後要靠他吃飯。」但是現在，我們卻要呼籲大家重視：「如何教下一代喜歡跟父母住在一起。」孩子為何不喜歡跟父母同住？首先我們必須承認，人都是自私的，要讓孩子喜歡跟你住，你得提出一個能夠讓他願意的理由。

人活在世上就有種種個人的需要，需要靠著與人互動來交換；這在社會學觀點中，就叫做「交換理論」。這套交換理論，是建立在人性的自私基礎上；例如，學生努力讀書、參加升學考試，到最後順利取得大學文憑，這也是一種「交換」——希望用自己的努力和能力去換得文憑，以便將來畢業外出謀職，能夠憑著這張文憑去換取較理想的工作。

在職場上，你用自己的能力和工作表現來換取薪水；而工作單位用所付的薪水滿足你，以換取它所需要的運作及成長。這樣的交換，是民主社會的常態，也是社會進步的根本。

當這個社會人人都要憑著「交換理論」來互取所需時，都必須要懂得照顧自己、滿足自己的需要；因此，每個人都將所有的時間和計畫安排在滿足自己所需的活動上，這就是人性。承認「人是自私的」以後，如何利用「自私」來使社會進化，才是教育的出發點。

整個社會的人口結構都在老化，一個年輕人日後平均要養三個老年人，你的老年年金其實是從下一代的所得稅中而來。每個人退休以後，已不僅僅是靠自己的兒女奉養著，同時也得靠別人的孩子來分擔照顧。

所以，把下一代的教育辦好，對我們這一代的意義遠大於傳統的「養兒防老」觀念，是要對整個社會負起責任來的。

與兒女同住，不干涉他的家務

一位住在桃園的老太太，先生很早就去世了，留下一幢樓房給她；樓下三層租給別人，一個月也有四、五萬元的收入。老太太每個月輪流住在二個孩子家，單月由老大照顧，雙月就輪到老二奉養。

有一次輪到老太太去住老二家，可是老二家遲遲沒有人來接；大媳婦按捺不住，打了通電話給二媳婦說：「這個月輪你們了，怎麼還不來接

呀？」二媳婦說：「對不起，這個月生意比較忙，我弄好馬上就去接。」大媳婦埋怨說：「每次都這樣！」然後生氣地把電話掛斷。老太太聽了心裡很難過，好像自己是個垃圾，一個希望她趕快走，另一個卻希望她慢點到。

她想來想去，覺得這樣不是辦法；於是，每個月臨走時，總會塞兩萬五千元給媳婦，反正那些錢她死後也帶不走；如果媳婦對她孝順一點，她還會再多給個五千元。後來，她跟早上一起散步的老朋友說：「兒媳對我好孝順呵！還說下星期要帶我去遊樂園玩耶！」這就是一種交換。老太太說：「年輕人打拚很辛苦，菜錢都由我來出沒關係，我付得起呀！」

要知道，年輕人為何寧可花很多時間照顧狗，卻不願與父母同住？因為狗不會干涉他家的內政，而老人家卻會；就算孩子已經三、四十歲了，在父母眼中永遠是孩子。

因此，當你有機會跟孩子一起住的時候，請記住「三不管」。第一，「家事不要管」；第二，「孫子不要管」；媳婦管教孩子時，老人家最好睜隻眼閉隻眼，不要插手比較好；第三，「夫妻吵架不要管」。總之，你能夠享福就好了，媳婦如果沒煮飯就到外面吃吧！有人付菜錢又不干涉他們的內政，兒女當然喜歡與你同住啊！

「愛心」變「害心」，都是父母錯用心

我們這一代，在社會學上其實是最被擠壓的一代。小時候常聽老師耳提面命的提醒我們「如何孝順父母」，現在整個社會卻都在談「如何關懷子女」；讓身處夾縫中的我們這一代不禁深感疑惑，教育的目的究竟是什麼？自己該如何扮演為人父母的角色？

有一次，我參加高中同學會，一個女同學聊到她每天都要陪孩子去補

習，回來還要伴讀到十二點。我問她：「那你的孩子成績是否越來越糟、越來越退步？」

她很驚訝的說：「你怎麼知道？」

這個道理其實很簡單，我問她：「你的國文、英文程度有比老師好嗎？」

她說：「當然沒有呀！」

這就是了！父母的程度並不比老師高，卻每天將孩子教到十二點才上床，孩子第二天上課時難道不會打瞌睡嗎？

她辯駁說：「我這樣子陪他，是希望他能夠體會到父母的愛心呀！」我說：「孩子未必能體會到你的愛心，但我卻可以體會到你的『害心』。」即使父母是基於愛心，但方法若是錯的，反而是害了孩子。

關心孩子的學業，其實你並不需要親自教導；在家裡，家長可以做的

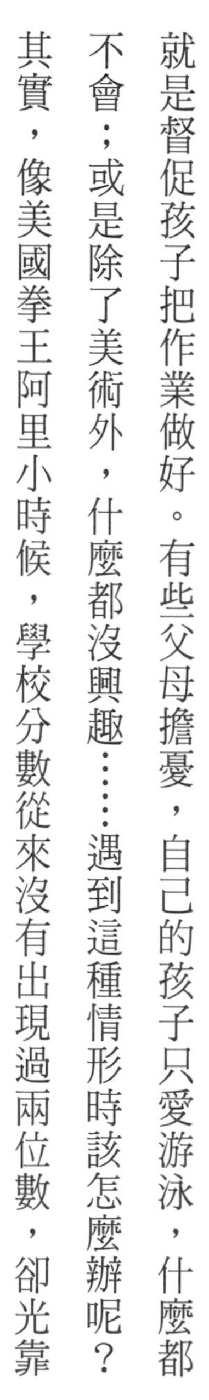

就是督促孩子把作業做好。有些父母擔憂，自己的孩子只愛游泳，什麼都不會；或是除了美術外，什麼都沒興趣……遇到這種情形時該怎麼辦呢？其實，像美國拳王阿里小時候，學校分數從來沒有出現過兩位數，卻光靠打拳就成了世界最有名的拳王。

如果孩子不愛讀書，也沒有其他的專長，這才是真正令人煩惱的事。此時，應該趕快培養他發展專長，要求他至少要把自己的作業做好；當他做到以後就給他一定的獎勵，比如他喜歡吃的東西，或是零用錢，或同意他看一下電視。如此慢慢帶領他養成好習慣，他在家主動寫作業的欲望就會增加，這就是「增強原理」。

以有效獎賞，讓良好習慣加強

為人父母者，總是想知道怎樣去改變孩子、讓他多聽父母師長的話？

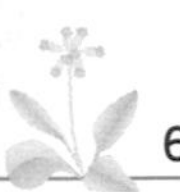

怎樣才是所謂的「教導有方」？其實，從孩子小的時候，看媽媽怎樣哄小孩就已經開始了。嬰孩哭的原因很可能是因為肚子餓了、尿片溼了或是衣服太少，也有可能只是想要媽媽抱一抱。

有一個實驗分成兩組：其中的一組嬰兒哭時，媽媽就去摸摸他；如果尿片沒有濕且剛吃飽，只是要媽媽抱，就讓嬰兒哭到累，等到不哭的時候才抱起。第二組的孩子一哭，媽媽馬上抱起。結果，第一組比較不愛哭。

還有一個實驗是：其中一組的孩子跌倒了，媽媽馬上跑過去扶他、安慰他，這樣的孩子比較愛哭。另一組則是孩子跌倒了，媽媽並沒有跑過去，反而對孩子說：「跌倒了要自己爬起來呵！」當孩子爬起來，向媽媽哭訴跌傷的地方疼痛時，媽媽則說：「好勇敢！勇敢的小孩不哭呵！」這組的孩子之後跌倒了會自己爬起來，並且比較不愛哭。

在孩子還小、還沒有建立行為標準時，都是以「習慣」為原則。什麼

叫做「習慣」呢？就是當他發覺，只要做出某些動作就可以獲得想要的東西、滿足自己的需要，這種行為的出現機率就會提高；時日一久，便內化成他的習慣或是他與人互動的方式。

曾有人對幼稚園小朋友做過一項實驗：一組孩子固定每星期一發五十枚代幣，每一枚代幣可以到遊戲間玩遊戲一次；另一組則是將代幣放在老師那裡，只要上課認真聽講，就會獲得代幣。一個月以後對照，固定發代幣的那一班，上課秩序很亂；以獎賞方式發代幣的這一班秩序好，老師走到哪，孩子的目光就跟到哪。由此我們可以看出，同樣是發代幣給小孩，用的方法不一樣，效果就有很大的不同。

管教有妙法，過與不及都偏差

正向的鼓勵，可以教出正向行為；同樣的，過度溺愛或變相的鼓勵，

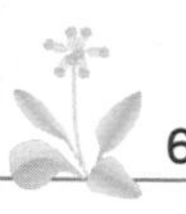

也會助長負面行為。例如，孩子數學考了一百分，老師特意當著孩子的面，向家長誇他有數學天分；學生此時會把老師這句話內化到心中，認為自己是數學天才，這孩子可能因此對數學有更大的興趣。

好的標籤可以多加使用。但很多時候，父母或老師對孩子不好的表現會有立即性的指責；這些指責性的言語，就像是貼上壞的標籤，會讓孩子產生負面的自我認同，行為反而朝更不好的方向走。

例如，孩子不喜歡整理房間，媽媽很生氣地說：「你這裡像豬窩，你是豬啊！」當有「像豬窩」的事實時，媽媽又再貼上「像豬」的標籤，孩子就會內化，認為自己反正是豬，住豬窩又何妨？因此，面對孩子出現不良行為時，要小心不要隨便貼上「壞的標籤」，以免使他形成「我就是這個樣子」的想法，便不會想改善了。

有一個阿媽很疼孫子；據說是因為以前對兒子管教太過嚴厲、打得很凶，結果孩子長大了很少回家，所以現在對唯一的孫子便十分溺愛。可是，這個孫子從小就愛跟一班不良少年鬼混，每天混到很晚才回家；只要他一回家，阿媽就說：「孫呀！你怎麼玩到這麼晚，太晚回來阿媽會擔心哪！下次早點回來吧！我現在去煮豬腳麵線給你吃！」

只是，這樣的慈愛反而增強了孩子晚歸的動機；孩子晚歸回來還有豬腳麵線可吃，無形中好像鼓勵他繼續在外遊蕩。由此可知，父母對子女的管教態度不當，往往會使原來的愛心變「害心」。

吃苦當吃補，別怕孩子犯錯誤

有些孩子上學時很容易忘記帶東西，媽媽就得一下子為他送便當、一下子為他送雨傘。也許很多人會認為這樣的媽媽很有愛心；但結果是，在媽媽的支持下，這個孩子就算本來不懶散也都會變得很懶散了，因為媽媽

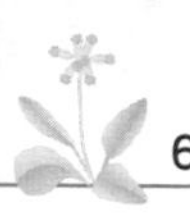

總會代為處理他忘記的事情。

有個媽媽曾對我說：「以前一碰到狀況，我總擔心：孩子下雨天不帶傘，會不會淋到雨？沒有帶便當，中午會不會挨餓？」但她耐住性子，先觀察一陣子，看孩子會怎麼處理——沒有帶傘時，是請同學送他一程？還是自己淋一下雨？沒有帶便當，是跟別人先借點錢買午餐、第二天再還？還是自己走回家吃？

後來發現，孩子回來時好好的，也沒淋到什麼雨；讓她在欣慰之餘，難免有點悵然若失。我對這個媽媽說：「孩子總要長大；看到他的判斷能力比你強，妳應該感到開心，而不是失落才對。」讓孩子受些教訓，以後出門或許就會認真想想自己的東西帶齊全了沒有，養成謹慎的好習慣。

換言之，現在把孩子教到不需要為他煩惱，你以後就不必再為了孩子勞心勞力了！畢竟，我們無法陪孩子一輩子，不要剝奪孩子練習解決問題的機會。當他的需求與別人的利益發生衝突的時候，他要瞭解怎麼樣和人周旋；如果你事事都幫他安排好，養成孩子的依賴性，他以後不管走到哪裡，都會碰到相同的問題，永遠學不會如何與人談判、如何去制訂一個遊戲規則，來化解人我之間的利害衝突。

只要不會造成永久性的傷害事件，做父母的不妨放手讓孩子去嘗試，看他們如何解決自己的問題；即使受到傷害或犯錯，他們的復原力也是很強的。有的家長一看到孩子在學校裡被別人打得鼻青臉腫，就激動的馬上跑去學校找校長、導師出面解釋；這樣一來，就等於剝奪了孩子自己解決事情的機會與能力。

適時的鼓勵，可激發主動積極

由上可知，每個孩子在成長過程中的表現，和父母的鼓勵有很大關

係。這種鼓勵有時並非來自直接的獎賞；而是當他發現，自己做出哪些行為可以換得需求的滿足時，這種行為的出現機率就會升高。所以，愛心並不是唯一愛孩子的方法；如果你不知道要在什麼關鍵時刻去運用它時，太多的愛心反而會變成「害心」。

做父母的大多數都會在心裡想：「只要孩子能變好，我什麼都願意答應他。」那麼，第一件事就請你先把他的零用錢扣起來，等到他有好的表現時才給他。你可以衡量自己一星期能提供多少零用錢，以此為基數；當孩子向你要求零用或買什麼東西時，你先記起來，不要馬上給，等到他表現好時才給他。讓孩子用表現來獲得零用錢，比較容易養成他主動積極的態度；跟固定拿到零用錢相比，他的感受是不一樣的。

「孩子，我要你比我強」並不是一句廣告詞，而是真真實實存在於我們整個社會價值觀中。今天的外在環境是充滿競爭性的；民主社會的進化，一定要透過「機會均等，公平競爭」來實現；如果你的孩子不夠強，將來要怎樣跟別人競爭呢？期許我們能教養出有能力「競爭」、但不是「鬥爭」的孩子，讓社會不斷的向前走、不斷進步。

（本文為演講整理摘錄）

親情是天長地久的——用3Q創造雙贏

／陳龍安（實踐大學企業創新與創業管理研究所教授）

曾有個學生告訴我，他從國中開始就跟父親形同陌路。當時他的成績不好，父親對他說了一句重話……從此以後，他很少在家。

你罵孩子是笨蛋，他在你面前就會一直展現出笨蛋的樣子；你罵他笨得像豬，沒多久你就會覺得他的臀部搖啊搖的，愈看愈像豬，真是所謂的「心想事成」。反之，如果你鼓勵他朝好的方向發展，告訴他：「孩子，你就像我們家的設計師，把家中設計得真好。」孩子就會成為你期望的設計師。這也是另一種「心想事成、美夢成真」。

鼓勵優點，就會努力實現

每個人都會朝著受到鼓勵的方向發展，這是人性「向上」及「向善」的本能；我們在期待孩子的同時，應該保持敏感與關心，去察覺孩子的長處，挖掘他們的優點。就像太極圖一般黑中有白；但有些人只看到黑點，也就是只看到孩子的缺點，卻看不到孩子的優點，結果就完全不同了。

曾有個學生告訴我，他從國中開始就跟父親形同陌路。當時他的成績

不好，父親對他說了一句重話：「我們全家以你為恥！」這句話對他的打擊很大，他乾脆放棄了讀書。聯考落榜後，荒廢了三年時間到處遊蕩及補習，好不容易才考上一所高中。從此以後，他很少在家。

現在他念大四了。有一回清明節他回家時，他媽媽叫他跟父親一起去掃墓；他不甘不願地跟著父親去墓地除草，父子兩人工作了一個下午。到了快結束時，父親突然溫和的對他說：「還好今天有你幫忙，這件事很快就做好了。」

他猛然一抬頭，看到滿頭白髮的父親走在前面，心頭一痛，忍不住說：「爸爸當心！」那一刻，父子倆冰凍多年的心結解開了。

這個例子讓我感觸良深。這就是我常強調的，不管發生什麼事，做父母的要先「保住」孩子；因為親情是天長地久的，不要只為了孩子看電視，就一巴掌打下去；也不能只因為他們做錯一件事，就覺得罪不可赦。

也不要常否定孩子的表現，或干涉孩子的自由或興趣；當父母有否定孩子的表現時，孩子內心就會形成一堵拒絕或叛逆的牆，而懶得跟父母溝通。

當孩子小時，他們的世界只有爸爸媽媽；上了國中以後，卻經常是同學第一、老師第二，父母的順位越來越後面，甚至被排除在外。所以，親子之間若不能從小建立良好的溝通互動，在孩子升上國中、同儕影響力比較大時，就不容易拉回來了。

所以，心願可以創造奇蹟，你如何期待孩子，便能美夢成真。家庭經營與親子關係的學問，全部都在這裡；多看孩子的優點，別因孩子的一點小錯而生氣抓狂，那會傷害親子關係。

啟發3Q，做個3Q的父母

No Love No Education——沒有愛就沒有教養，愛就是心中有菩薩。

一個心中有愛的孩子，絕對不會讓父母失望；因為他心中有愛，在家中能孝順父母，在學校能敬愛師長，出了社會更能尊重他人。這種愛心，可以說是「感恩心」，也就是集ＩＱ、ＥＱ、ＣＱ三者於一身，發展而成ＱＱＱ，也就是３Ｑ（Thank you）——感恩心。不管孩子處在什麼階段，只要心中有愛，任何問題皆可迎刃而解；因此，為人父母者要懂得啟發孩子的３Ｑ，並做個３Ｑ的父母。

如何做個３Ｑ的父母呢？我們知道，ＩＱ是指智力商數，ＥＱ是指情緒商數，ＣＱ則是指創造力商數；而更重要的是ＱＱＱ（韌性、毅力、彈性、永不放棄），也就是３Ｑ（感恩心）。至於開啟３Ｑ的鑰匙，答案則在一個「悟」字；「悟」就是「化知為智」，把知識化為智慧，心中對人常存感恩。

比方說，父母對待孩子時不妨想想，他們雖然有時會惹人生氣並折磨

人，卻也帶來很多快樂，讓父母有成長的機會；如此一想，心中便會存著感激，親子問題也能改善很多。

如果我們沒有找到問題的癥結，歷史就會一直重演。例如，有一位父親，每次孩子做錯事時都會動怒並修理他。有一天，他看見兒子在客廳打籃球，便上前警告他不可以在客廳打球，否則會打破杯子；沒多久，兒子果然把杯子打破了，父親立即上前打他一頓。類似這樣的歷史不斷重演。如果你能跟孩子商量：「在客廳打球會發生什麼事」、「怎樣在客廳打籃球而不會把東西打破」……情形就會改觀了。一個3Q的父母，應該擁有智慧、慈悲和創意，才不會被同一塊石頭絆倒兩次。

創造雙贏，別一再緊迫盯人

其實，對父母來說，教養這條路不管有多麼崎嶇或坎坷，只要我們別

把所有的重心都放在孩子的成績，只知「萬事唯有讀書好，百般莫如成績高」就能平順走過；否則，不幸者便產生許多挫折，父母和孩子之間的心結也會愈結愈深。

曾有一位媽媽對我說，孩子做功課都要人盯著才會做完；因此，她每天都得等孩子做完功課，才能去洗碗及洗衣服；如此忙到半夜一、二點鐘才上床睡覺，第二天上班時便沒精神。沒想到，她累成這樣，非但孩子不領情，先生也不感激。她埋怨：「陳教授，我已感到筋疲力竭，整個人快燒掉了！」

問題究竟出在哪裡呢？

我問她：「當妳在旁邊陪孩子做功課時，他高興嗎？」這位媽媽說「不」。我便建議她，回去後不妨跟孩子商量一下，問他哪些功課可以自己一個人做、哪些需要人幫忙，讓他自己好好想一想。她照我的建議做

了，兒子卻告訴她：「我做功課根本不需要人陪，你去忙你的吧！」讓她大感意外，也放下心來。想到自己過去像一枝蠟燭兩頭燒，弄得裡外不是人，又吃力不討好，真是何苦來哉！

從此以後，她只在檢查孩子功課時在作業簿上簽名，不再干預孩子念書的方法；直到段考後，她收到成績單一看：「糟糕，成績怎麼退步這麼多？」以前有盯時成績還好；一旦不盯了，成績就直線往下掉，讓她有點懷疑是否放手太快了？孩子卻對她說：「以前的成績都是媽媽逼出來的，這次考八十五分，是我自己努力得來的！」聽到孩子這樣說，這位媽媽才恍然大悟。後來，她的孩子成績也真的愈來愈進步，讓媽媽更加放心。

可見，給孩子機會，就是給自己機會；給孩子空間，就是給自己時間。有智慧的父母若能抱著「你稱心，他如意」的雙贏策略，就能把親子關係處理得很好了。

改變心態，家庭氣氛樂融融

有人說父母難為，相信很多人都有類似的感受。有時候，父母難為是因為孩子在長大、在學習，而我們沒有跟著學習及改變，彼此的差距愈來愈大。

有個朋友告訴我，他們家常常為了看電視吵架；後來全家協調，只要一看完電視客廳就熄燈，全家人到書房，爸爸改作業，媽媽把家事帶進去做；兩個孩子因為心無旁騖，功課一下子就做完了，還有時間可以多讀點書。剛開始，孩子可能心不甘、情不願；但只要父母陪同示範，時間一久，他們就漸漸習慣了。不管你用任何方法，只要能讓孩子心甘情願，你就成功了！

人與人之間就像互照鏡子，你怎麼對待別人，別人就怎麼對待你；所以，我們應設法改變自己的態度，讓自己的觀念及想法更正向、積極。

如此一來，處於人生低潮時，只要熬得過去，自然就會熬出頭，並化險為夷、轉危為安，人生也會峰迴路轉、否極泰來。

不要一直企圖想改變孩子，有時候我們必須先改變自己。我們往往可以發現，家中有這麼一個人：當他在家時，全家人就雞犬不寧；而當他不在家，家人卻覺得很快樂……小心，這個人很可能就是你自己！

回過頭來想，每個孩子都是不一樣的，他長得怎樣、他的智力如何，其實一生下來就已經決定了一半以上；另外一半是好是壞、要怎麼調整、怎麼改變，就全靠父母了。所以，求人不如求己，改變命運最重要的是改變心情。

心存感恩，常保家和萬事興

3Q的父母便是智慧、慈悲和創意三者的綜合體——有智慧便能設法

瞭解問題的癥結，有慈悲心待人常存溫柔，有創意的人則會想辦法化解僵局。比如，先生看到太太打破盤子，脫口而出：「妳真不小心！上次才摔壞一個，現在又來了！」聽起來多沒有愛心、智慧及創意啊！太太聽了，心裡怎麼會舒服呢？

反之，先生若說：「啊！有沒有傷到腳？妳去拿抹布，我來撿碎片，改天我再陪妳去買新的！」這麼一來，衝突自然就消弭於無形，歷史也不會一直在「犯錯—責怪—僵局」中不斷重演了。

同樣地，對孩子也是如此。我們要是能透過自己的智慧、愛心及創造力來作轉換的功夫，把三種力量一齊使出來，就能開啟3Q的大門，讓自己常常心存感恩，也能教孩子待人心存感恩；如此一來，任何困擾與苦惱將會遠離你。

理論講得再多都沒有用，努力實踐才是最重要的。今天我們既然生下

孩子，就有責任去扮演好父母的角色；不論讀書、聽現場演講或是CD，只要有心學習，就能成功。一句話、一件事，都能讓人心有所感、有所領悟，進而產生一種力量。

儘管人生處處有危機，卻也處處是轉機；如何找出生機、掌握轉機，便是我們要努力的方向。所謂「家和萬事興」，要讓家中像桃花源一般，而不是成為枷鎖的「枷」，就得靠平時的用心經營；「父母同心，力敵萬鈞」，「父母失調，死路一條」。

總之，我們要學習成為3Q的父母，為孩子們打開一扇心窗；我們今天是孩子的守護神，孩子明天就會是我們的貴人。要當成功的父母，第一是做，第二是做，第三還是做！有做總比沒做好。今天你一點一滴的做，明天就不會有所後悔，人生也會過得更快樂！

（本文為演講整理摘錄）

男人們回家吧！——別做缺席的父親

現代男性要學習改變自己、改變婚姻關係中不好的地方；只要夫妻關係可以鞏固，教養孩子就不會很難，這比去學各種親子技巧還有用。

／林覺隆（家庭與婚姻專業講師）

《聖經》上說：「你們做父親的要回轉歸向兒女。」因為，社會上大部分的父親，都是一心歸向事業，希望成功，而不是心向著孩子與家庭。

我家老二在三歲時曾對我說：「爸爸，如果你再不陪我，我就要離家出走了。」我太太也跟著說：「如果你一星期不挪出兩個晚上是屬於我的時間，我就跟你說再見。」剛開始很厭煩他們的抱怨，卻也推動我思考自己如何做一個好父親、好先生。

欲望貪念滾滾，常使男性疏遠家人

當我幾年前離開生命線，原本是希望能夠多陪陪家人和孩子；可是，才回歸家庭沒多久，就接到一個很誘人的邀約，要請我到馬來西亞與新加坡巡迴演講四十天。因為這樣的機會很難得，我就忍不住答應去了。

到了吉隆坡，當晚我住在一位牧師家，剛好看到一本雜誌；裡面有一篇文章是一位婚姻輔導專家寫的，竟然令我邊看邊哭。他說，有一次他原本要接下在香港兩萬多人次的演講邀請；後來發現，演講當天剛好是他女兒的高中畢業典禮，他心中很掙扎。後來想到，女兒畢業典禮上的家長席，是沒有人可以取代的；但是，香港的演講不去，卻有一堆人可以替代他。於是，他總共辭去了四十場演講，只為了參加女兒的畢業典禮。

看了他的這段心路歷程，我哭得很難過；身為父親的我，心中無止境的貪念和想要成功的欲望，逐漸地把我帶離孩子；我還要多少成功，才願意停下來陪伴我的孩子？

出國前，我曾答應孩子事先把床邊故事錄好，以便他每天晚上睡前都能聽到我說的故事；可是，出國前，我為了演講而把學校課程全部往前挪，變得比以前更加忙碌，根本抽不出時間來做這件事。

幸好我一直提醒自己，出國前至少要抽出一點時間來跟太太約會；

可是，當我們兩人終於面對面坐在西餐廳時，前一小時卻感到好無聊，因太久沒有講話而不知道要講些什麼，真想起身走開。欲望不僅讓心遠離孩子，也使先生的心遠離妻子……

親情疏離太過，夫妻相處困擾增多

有位太太告訴我，她從小就盼望爸爸能夠經常在家，尤其是颱風天要搬冰箱或其它笨重東西時；不過，父親卻總是在關鍵時刻缺席，所以她發誓以後要找一個能夠在自己最需要時陪伴在身邊的男人。但是，當她找到時，卻不知道該怎麼跟對方相處。

因為，她從小已經習慣家中只有媽媽、沒有爸爸（男人）；每當先生不在時，她很盼望他回家；一旦先生回家了，她卻只會不斷嘮叨和抱怨，再度把先生罵出去。這也是很多夫妻相處常見的問題。這位太太的困擾來自她早期父愛被剝奪，一直影響她到成人期與伴侶的相處；她一直活在要男人回來、卻又不習慣男人回來的心理糾結中。

這是沒有辦法的；就像疏離已久的親子（夫妻）關係，一旦想要重新建立雙方的溝通，必須要花更多的心思與耐心才行。如果你像我一樣，當時和太太坐在那家西餐廳不知要說什麼時，剛開始總是困難的、沉悶的；但《聖經》說，「愛是永不止息」——希臘文的意思是「不要輕易放棄」，只要你願意改變，最後終會熬過去的。結果，我那天和太太聊了一個早上。

拚命工作加班，難解內心恐懼不安

男人為什麼成天忙著工作不回家呢？當我告訴太太，想辭去生命線的工作、做個自由工作者（還不知每月有多少收入）、多點時間在家陪孩子時，我太太卻哭了一個小時；因為她擔心生計及貸款，覺得沒有安全感。

其實，我們很多人都活在這種不知道有沒有辦法生存下去的害怕當中；這個害怕驅使我們必須不斷疏離家人去掙錢，然後再告訴家人：「我這一切都是為了妳（或加上孩子）。」

就像我，一直到後來才發現自己內心是想回家但回不了家，因為深怕生存不下去。可是，你會發現，錢不一定賺到、離成功也還有一段距離，但與家人已貌合神離了。

我小時候家裡很窮，一直受人欺負，被有錢的親戚奚落，十五歲以前搬了九個地方，跟著父母到處躲債；有一次開學沒錢繳學費，老師竟當著全班同學的面說：「你爸爸真不要臉，全班就剩你一個人沒交學費。」這令我感到很受傷，一輩子都忘不了這種羞辱。長大後有分想奪回失去尊嚴的企圖心，這是不易被察覺的。

我每次出門工作或加班，就跟太太說：「我這一切都是為了妳及孩子。」我真的是為了家嗎？不是的，是為了要討回自己以前的失落及想彌補受過的傷害與尊嚴！

我總是提醒自己，必須努力工作、賺很多錢，只要賺的比有錢親戚多一塊錢、房子比他多一坪、車子比他家大一寸，似乎就能爭回一口氣似的。很多人跟我一樣，沒有覺察到這樣的潛意識狀態——只是為了證明自己，想把失去的尊嚴贏回來。生活在這種害怕及受傷的情緒裡，促使男人（甚至女人也會）不斷離家流浪與疏離家人。

父母期望過度，孩子容易感到無助

一個人的生命，若是活在不斷地證明裡，會快樂嗎？至少，在我的體會中是不會快樂的。我們想要證明自己並不是好欺負的，所以我們拚命賺

錢、拚命的讓孩子去補習，犧牲了所有時間，只求孩子考一百分，以免被譏笑不會教孩子、不是好父母——因為我們的過去曾經輸過，怎能忍受再輸。可是，相對的，你要孩子承受爸媽過度的期望，孩子鐵定會輸。

《聖經》上提醒父母：「不要惹孩子生氣，免得孩子喪失志氣。」有研究指出（Coopersmith 1967）：「父母過高或嚴厲且不切實際的期望與要求，會促成孩子不良的『自我認同』。」父母的過度要求不但造成兒童的挫敗感，也會阻礙兒童進一步的努力；兒童必然會感到無助，並跟自己進行錯誤的對話：「反正我做不到，何必再試呢！」

讀書，原本是很單純的事；但是，對孩子而言，讀書不再單純。如果他達得到父母的期望，就必須一直保持好成績；否則，一旦分數掉下來，他會害怕失去父母的愛——如果考不好，父母就把愛收走。如果他做不到呢？他可能必須面對父母不斷的指責：「你怎麼那麼笨，怎麼教都教不會？」

這種期望與指責，會使孩子覺得壓力沉重，並且會導致自貶及喪失志氣——缺少良好的自我形象；因為，他讀書並不是為了自己，甚至活著也是為了別人而活，你說他怎麼會開心呢？

孩子成長之路，用心陪伴勝過物質

報紙曾刊登一則青少年弒親事件，讓人很震撼。這個弒親的少年從小要什麼就有什麼，才十六歲父母就買百萬名車給他，還有什麼不滿足呢？他的父母從事外燴工作，是頗受歡迎的總鋪師，每天從早忙到晚，根本沒有時間陪伴、管教孩子；甚至孩子沒寫作業時，母親還花一百元託鄰居小孩幫他寫。

孩子還小的時候，吃飽睡夠就會滿足；但是，當他逐漸長大，每天看

不到父母，只好自己去找樂子，結交了一群不良朋友，最後染上了吸膠的惡習。「父母」對他而言只是賺錢的機器，他根本感受不到父母的關愛。

這起事件足可令所有父母引以為戒。在孩子的成長過程中，要用心陪伴他長大，而不是只提供物質上的滿足而已。

記得我剛開始在外演講時，每次上台前一定會拉肚子很多天，緊張得吃不下東西；等到上了台，底下有一半的人因為聽不懂而在睡覺，還有一半的人頭低低的，剩下沒多少的人對著我笑，但是笑得很勉強，因為他們看我實在是講不下去了。個中滋味實在是五味雜陳；只是，為人子女的很難體會父母在外辛苦賺錢的不容易。

每次去大專校院演講，看到門口停著一堆進口轎車，我就為這些父母的作為感到難過；這些孩子沒流過一滴汗、賺過一毛錢，就有百萬名車可開，他對金錢會有感覺嗎？他能體會父母的心嗎？這樣對孩子好嗎？讓他

對錢毫無感覺是害他，不是愛他。

心若不在家裡，無法增進親子關係

所以，要用心陪伴孩子，而不是用金錢來買孩子的心。有一次，我在餐廳裡看到一位爸爸一邊看報、一邊回應孩子，但可能心不在焉，父子倆談話沒有交集；後來，他兒子很生氣的問：「爸爸！你到底要不要聽呀？」他爸爸才把報紙放下來。我這才看到，原來他正在看股票行情分析，說話只是在應付孩子。現在有不少父親就像這樣；往往人是回家了，但心還沒有回家。

曾有位立委的孩子，才十八歲就犯下持槍綁架案，引起社會上很大的議論。這位立委登報說：「我這八年來因擔任立委、忙於公務而疏於管教孩子，在此向各位大眾說抱歉。從今以後，我跟我兒子一刀兩斷。」

當他登報聲明脫離父子關係時，是否從今以後就不必再為兒子負責任？這是不可能的；因為，父子永遠是父子，不是自己說斷就斷的。而且，他要斷的其實應該是切斷應酬、切斷再選立委的念頭，而非切斷與孩子的親情關係。名與利常使我們切錯了方向。

所以，《聖經》上說：「你要保守你的心勝過保守一切。」你的生命要不要活得更有意義，唯有重視一顆心，而不是外在的金錢名利；保護及守護與孩子的關係，比股票起落更重要。

孩子行為異常，父母婚姻常有狀況

有些親子教育的問題，表面上是孩子的問題，其實內藏著許多個人生命與婚姻的問題。在我的輔導經驗裡，很多親子問題談到最後，都會發現是婚姻的問題；而所有孩子的偏差行為，其實都在反映家中父母婚姻上的

問題。

有一位太太，她小時候最大的心願是找一個動作很慢的先生；因為她爸爸是急性子，動作又快又急，常常罵她笨手笨腳、沒效率；她不希望將來結婚的對象也是這樣對待她，所以決心要找一個跟她爸爸不一樣的先生。後來她找到了，原本應該是「從此過著幸福快樂的日子」，但是她並沒有。

她先生的動作一向都很慢，每次太太交代他做什麼事，他總是慢條斯理的；有一天，這位太太實在忍不住了，很憤怒的說：「要是我爸爸知道你動作這麼慢，他一定會活活氣死。」

原來，她也已經養成急性子，只是內在期望脫離小時候的苦海，不要再有像爸爸那樣急性子的人來迫害她；沒想到，遇上慢半拍的先生，並不如她想像中那麼浪漫，令她又想去改造他了。如果這樁婚姻要繼續走下

去，勢必得有一個人願意改變；然而，如果他不願意被改造呢？失望與爭吵就在所難免了。

當然，有人會願意為了婚姻而改變自己。只是，如果這位先生變得又快又急時，他太太也不見得會很快樂；因為，性子很急的先生就像她爸爸，難免會勾起她小時候的受傷記憶。這其間的關係是很複雜的！

男性參與親職，挪出時間陪伴孩子

我曾經參加過一個夏令營，其中約有七、八十個學生；令人很驚訝的是，所有的孩子都承認，他們想要挽救父母的婚姻；也就是說，當父母吵架或冷戰的時候，都令他們覺得很難受。

有些孩子會藉著生病或偏差行為來發出求救訊號；因為，當孩子出問題的時候，父母們都會十分緊張，甚至同心合力想要幫助孩子。這給了孩

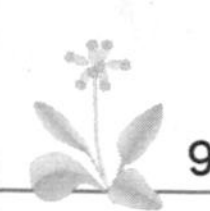

子一種錯覺，以為他們的「計謀」有效；但是，孩子對於改變父母的婚姻關係，其實是一點辦法都沒有的。夫妻雙方都要檢討，要靠自己的覺察來挽救自己的婚姻。

因此，現代男性不僅要把心回轉歸向孩子，也要把心回轉歸向婚姻，更要把心歸向自己深層的內在，我們要學習改變自己、改變我們的婚姻關係中不好的地方；只要夫妻關係可以鞏固，教養孩子就不會很難，這比去學各種親子技巧還有用。

有句話說得很好：「生命會自己找尋出路。」父母不陪伴孩子，他會自己去找出路；不過，這樣的後果及孩子的未來便很難預料。當我們為了看電視、為了工作賺錢，為了這、為了那而不斷拒絕孩子時，無疑是告訴孩子：看電視比較重要、工作賺錢和忙於事業比較重要……只有他，最不重要。

各位為人父親與丈夫者，請挪出時間來陪伴孩子，不要總是告訴他：「等一下再說。」「用心」去聽孩子想說什麼，「用心」去想如何讓他覺得活著有尊嚴，重新學習做個好父親吧！

（本文為演講整理摘錄）

提高ＥＱ——聰明走出情緒盲點

所謂的ＥＱ，強調的是情緒的表達和理解；也就是說，父母除了要教孩子瞭解自己的情緒來源之外，還要教他適當地表達自己的情緒。

／林文瑛（中原大學心理學系教授）

自從丹尼爾・高曼（Daniel Goleman）所著的《ＥＱ》在台灣熱賣五十萬本以後，「如何提高ＥＱ」已在不知不覺中成為人們關注的課題。

但是，ＥＱ是可以被教導的嗎？當我們說一個人的ＥＱ很高時，似乎是表示這個人十分善於控制情緒，既不會隨便發怒，也不隨便表達個人的感覺；根據這樣的說法，我們豈不是教人不問青紅皂白，一味拚命的自我克制、自我壓抑，對自己不贊成的事也虛偽的說一些客氣與逢迎的話。這樣的好好先生，ＥＱ便比較高嗎？當然不是這樣。

紓解情緒，引導他思考問題

所謂的「提高ＥＱ」，並不是笑罵由人的鄉愿，而是教人在適當的時候、適當的場合，以適當的方式表現自己的情感；並非一味隱忍，為了顧全表面的人際和諧而隱藏自己真正的情感，甚至對於有違社會正義的事情還睜一隻眼閉一隻眼，乃至扭曲自我的價值觀，只求息事寧人。

若以這個角度來談如何提高ＥＱ，我們首先必須瞭解人的情緒是怎樣形成的，才能找出適當的方式來表現它，而不是一味的壓抑克制。

情緒包含兩個部分：一是對於對方情緒的理解，另一方面是對自己感覺的理解。前者是指「感同身受」的同理心；像是有些小孩子看到別的小孩在哭，他也會跟著哭起來，這種感同身受的心理可說是人與生俱來的。

經過歲月洗禮和人事磨練，同理心會更加細緻、成熟。比方說，有人失戀了，他說：「沒關係，我一點都不在意。」但他的眼角卻泛著淚光，聽的人就知道他心裡很難受，這就是一種同理心。當我們能夠以同理心體會別人的感受時，就會用比較恰當的方式去對待別人，這就是一種ＥＱ。

小孩子通常會直接把情緒寫在臉上，讓人很容易覺察到他們的內心感受。因此，他們需要一個能夠真實表達情緒的對象，讓他難過時知道可以

向誰傾訴；而這個人在他表達之後，能夠引導他去思考一些問題，讓他得到合理的情緒紓解，進而學會控制自己的情緒。

衝動鬧事，應學會自我克制

ＥＱ的另外一部分是我們要瞭解自己的感覺；因為，當自己的情緒上來時，我們常會被當下的憤怒弄混了自己的真正想法，忘了自己究竟在生什麼氣？好比有時候，我們聽到別人說了一些刺耳的話，感到很不愉快；如果你能克制一下，等對方把話說完，知道他真正的意思以後，再看自己應不應該只為他的措辭不當生氣，這就是自我克制。

自我克制對大人來說很重要，對小孩更為重要。曾經有心理學實驗證明，比較懂得自我克制的小孩子，日後的偏差行為比較少；反之，容易衝動而情緒化的小孩，比較容易出現偏差行為。

青少年血氣方剛、容易衝動，常一時情緒的做了某些事，而造成無法挽回的後果。我們買了一雙新鞋時，剛開始都會很愛惜它；可是，一旦弄髒了，就會覺得反正已經髒了，再髒一點也無所謂。青少年做錯事，有時後果一發不可收拾，就是跟弄髒鞋同樣的道理。

所以，我們平日在親子互動過程中，應讓孩子學會如何自我克制；包括幾點鐘玩電動、幾點鐘看電視，他都必須規範自己；在做完功課或其他應做的事情之後，才可以去做自己想做的事情。

自主學習，應給予尊重鼓勵

當孩子沒有辦法好好地自我規畫時，父母有責任引導他，而不是以處罰來強制要求他。比如，你可以跟孩子約定，他必須在七點以前把功課做好才能看電視，讓他有機會安排自己的時間。

剛開始，他可能在七點鐘時功課只做了一半，就吵著要看電視；你要有耐心，明天照樣用同樣的方式，看看孩子有沒有進步。如果他電視只看了一半，便回去把功課做完，你應該給他更大的鼓勵，像是准許他多看半小時電視。對孩子來說，這是個意外的驚喜，意謂他只要能夠掌握自己的時間，就可以換得更多的自主，這跟父母的強制要求是不一樣的。

曾有一位家長告訴我，他的孩子目前就讀國中，每天晚上都要花將近一小時的時間上廁所；不論父母怎麼催，希望他早點上床睡覺，他仍要拖到十一、十二點才會去睡。長期下來，真令人擔心影響到他的發育。

我女兒也是一樣，每次洗澡都要洗上一個小時，讓人很不理解；我便跟她一起洗澡，看她到底在做什麼。結果我發現，母女共浴時是我們最快樂的時間；女兒喜歡邊洗邊唱歌，並告訴我她在學校發生的一些事情，還有她看過的電影等。在裡面我們可以非常自在地放鬆自己，十分快樂。

反觀孩子上廁所的問題，在這一小時裡面，可能他並不是所有時間都在上廁所，他可能在看書，在做白日夢……在那段時間裡，他可以享受完全的放鬆、不受干擾。如果媽媽只是擔心他晚睡，不妨建議他把這段私人時間提前，或是幫他找其它比廁所更好的地方，給他一個可以獨處而不受打擾的私人空間。

表達情緒，影響別人就不宜

講到所謂的ＥＱ，我們強調的是情緒的表達和理解；也就是說，我們除了要教他瞭解自己的情緒來源之外，還要教他適當的表達自己的情緒。比如說，有些孩子跟同學講電話時眉飛色舞，一放下電話，媽媽問他：「你們在聊什麼呀？」他就拉下臉來說：「沒什麼！」再問他：「不開心嗎？」他說：「沒有呀！」可是他的臉明明就很臭……

親子之間，往往就因為這種行為與認知上的差距，弄到自己生悶氣，對方還覺得莫名其妙。記得有一次，小孩問我：「媽媽，你看起來好像不高興。」我說：「沒有呀！」然而，我去照鏡子時，發現自己確實一副心事重重的樣子。其實，我只不過在想些事情，卻讓人以為我在生氣。

這時我才知道，即使是面部表情，我們都必須顧及旁人的感受；在教導孩子時，我們也要讓他知道，他的臉部表情會影響到別人的情緒解讀。

女兒念國中時，學校常有一些穿著奇特的「大哥大」或「大姊大」，裝扮和行徑十分惹人側目。有一次，女兒和她同學只是看了他們一眼，就有一個大姊大衝過來，瞪著他們說：「看什麼看！」一副要揍人的樣子，把她的同學嚇壞了；幸好我女兒馬上說：「喂！妳這是幹什麼？她剛剛還說妳長得好漂亮哩！」那個大姊大臉色才緩和下來，悻悻地走開。

我聽完後開玩笑對女兒說：「妳好虛偽呵！」她很不服氣的說：「妳

為什麼不說我好機警呢？」可見，對於同一件事情，看的人角度不同，認知上就有很大的差異。同樣是「看」，可以解讀成因奇裝異服而看，或是不屑的看，也可以是讚美的看，解讀的關鍵就在於健全的自我概念所帶來的自我克制；往往只要念頭一轉，就能扭轉負面情緒，何樂而不為呢？

提高EQ，家庭最是關鍵處

在我們想引導孩子瞭解自己的情緒、並能用同理心去體諒別人的情緒時，不要忘記，孩子終究只是孩子，他們在情緒上來時，多數只想到自己，可能還沒有辦法推想別人會不會受到自己的情緒起伏所影響。

換言之，當我們談到情緒的時候，很大的一部分是跟「判斷」、「認知」以及「思考」有關，不能要求小孩處處都能站在成人的角度思考問題、甚至考慮父母的處境，但我們可以做到兩件事——

第一，扮演客觀的分析者：瞭解孩子如何處理自己的情緒，傾聽他的心情，提高他對情緒的認知能力。畢竟，跟父母相比，孩子的人生經驗較少，對人性的認知也很有限，需要我們幫他釐清各種行為背後所代表的意義，不必一直陷在情緒化的錯誤認知當中。

第二，做孩子模仿的對象：讓孩子從我們身上看到父母如何處理衝突和情緒，藉由模仿來學習如何表達自己的情緒；也藉由模仿瞭解，成年人是怎樣處理自己的情緒，如何建立恰當的人際互動關係。

由此我們可以瞭解，ＥＱ是可以教導的。若是希望孩子的情緒有比較健全、正向的發展，父母就得挑起教育者的責任，而家庭氣氛就是幫助孩子學習的重要關鍵。

（本文為演講整理摘錄）

尊重、瞭解、關心他——認識青春期的孩子

我們要具體地幫助孩子做生涯規畫，讓他更加瞭解自己及身處的社會，進而選擇一條適合自己的路，奠定邁向成年社會、獲得良好發展的基礎。

／吳澄波（新北市政府家庭教育諮詢委員會委員）

有人說，青少年階段的孩子正處於「狂飆時期」，因為他們在這段時間裡要從一個乳臭未乾的毛頭孩子，轉變為成熟的大人；可想而知，身心各方面都會面臨很大的改變。這種成長的壓力，會給孩子們帶來許多困擾，也會影響親子互動。

多方肯定，讓孩子發揮潛能

我曾在新聞中讀到，屏東有兩個國小六年級音樂資優班的學生，趁校外教學時離家出走，跑到台北想找工作；家長以為孩子被綁架了，動員警方大力尋找，還好找到了。這兩個孩子平安回家之後，大家問他們為什麼要離家，他們說因為課業壓力太大了。

他們既是資優班的學生，程度應該不算差，為何會覺得課業壓力大呢？最後才知道，是因為家長的要求太高了，時常拿他們跟兄姊比較；顯然他們的兄姊都很傑出，相較之下，他們就相對顯得不夠好。這則新聞令我讀來感觸許多。

我們都知道，「功課好」並不是人生的全部。父母如果只用「成績」這單一標準來衡量孩子，導致孩子認為功課好才有活著的價值，萬一他們的功課不好怎麼辦？又萬一，他們到了長大以後才發現，除了功課好之外，自己其他的事情都掌握不住，又該怎麼辦？

所以人家說「不要把全部的雞蛋放在同一個籃子裡」，以免籃子不小心打翻，雞蛋就全部摔破了，風險實在太高。我們應該讓孩子學著把自己的學習成就，設定在好幾個不同的目標上；念書的時候好好念，運動的時候好好玩，有空多交交朋友，發展人際關係或其他專長也不錯，讓他除了功課之外，還可在其他方面得到自我肯定，進而瞭解自己的潛能，以便獲得充分的發揮。

●青春百態，隨生理變化而來

我們要瞭解，對青春期的孩子來說，他的骨骼、肌肉及消化、呼吸、循環、生殖、神經等系統都在成長；這些身體上有形與無形的激烈變化，容易讓孩子變得沉不住氣、動個不停，舉止行為也不自覺的變得比較粗線條、笨手笨腳。比如說，叫他關門輕一點，他卻「碰」一聲的把門帶上；叫他洗碗小心點，卻動不動就把碗摔破了。

這都是因為他們在成長期間的神經系統還沒有發展好的緣故；「毛躁」、「坐不住」、「好動」等，都是此時期孩子的普遍特徵，並不是他們故意粗手粗腳、惹人生氣。父母不要因為孩子的粗手粗腳而罵他，讓他喪失自信心。

青春期的孩子，臉形的輪廓也會改變。小時候是醜小鴨的，到了青春期就可能「女大十八變」，越變越漂亮；相對的，小時候甜美可愛的小臉一拉長，面部五官的比例也難免會改變，有人喜歡、有人卻覺得怪怪的。

這段時間的青少年變得愛照鏡子，也十分在意自己的外表與形象，甚至臉上多一顆青春痘都會讓他們煩惱大半天。父母這時要站在他的立場，千萬別說什麼：「一個人的外表美醜沒有關係，自己有實力和內涵才是最重要的。」這樣的說教，他們一句都聽不進去。

身心劇變，應適度運動休閒

青春期差不多是孩子上國中的階段，剛好是升學壓力最大的時候。即使現在的聯考制度已採取推薦甄試及更多元的升學管道，以解決孩子們的升學壓力；但是，「上有政策，下有對策」，很多孩子還是每天有一大堆考試要應付。好不容易有休息的時間，父母又安排他們去參加各種補習；一三五英數，二四六理化，一個禮拜六天就報銷了，有人禮拜天還要學電

腦和鋼琴。你說孩子壓力大不大？

換言之，一個青春期孩子在「轉大人」的過渡時期，大約有十年時間需面對自己身體上的變化和第二性徵的成熟、以及心理上的變化和社會價值觀的建立。

這兩方面的重要改變，在強大的課業壓力下，很可能會被忽略，使他們在快速改變中調適不良，以致產生各種層出不窮的社會問題和家庭問題，在在需要人們正視。

我們與其要孩子安靜的坐下來，不如多安排一些體能活動，讓他適度地動一動，在身體運動的過程中學會適應自己身心的劇變；例如訓練手、眼的協調，逐步加強每個動作的細膩程度。這些調適工作做得好，才能讓孩子對自己慢慢建立信心，不會覺得自己老是做錯事，連帶變得被動、消極與畏縮，影響到心理的成熟。

像我的孩子，小時候喜歡玩撞球，上了國中就改成運動量比較大的籃球；一場球賽打下來，他整個身心都能得到放鬆及發洩，心理方面才能適應這段時期所面臨的成長改變。

尊重信賴，培養孩子責任感

時代在變，社會在變，整個教育大環境也都在改變。我們要試著去體會、去瞭解青少年，不能拿自己的成長經驗來看現在的孩子，要求他們像我們當年一樣，對父母師長畢恭畢敬、說一不二；否則，親子之間必然會產生代溝。

記得我兒子還小時，我常在晚餐後牽著他的手出去散步；到他小學六年級時，有一天他忽然掙脫我的手說：「爸爸，不要牽手好不好？」一起先我有些詫異，但馬上就會意過來：「牽手」代表他還是小孩子，他不希望

再被當作小孩子。

於是我問他：「那手可不可以放在你肩膀上？」他說：「可以，因為這樣子看起來比較像哥兒們。」這種心理轉變是很微妙的。不但孩子要變，父母親也要自我警覺，趕快學習調整以適應孩子的改變，親子之間才能建立良好的溝通與瞭解。

從孩子進入青春期開始，我們就要逐漸把他當成大人對待。首先要尊重他，請他幫你做事時要說「請」和「謝謝」；其次要給他機會表達自己的想法，讓他嘗試自己做決定。因為，如果我們一直把他當小孩，孩子也會覺得自己還小，不需要負起什麼責任。

愛的教育不是放任的教育，民主的教育不是縱容的教育；只有當我們把他當成大人一般對待，充分信賴他、授權給他，他們才會真正學習去做個大人，進而在內心產生一股強烈的自尊心與責任感。

人格健全，穩健的邁向成年

但是，「關懷」與「干涉」往往是一體的兩面。怎樣才能讓孩子覺得父母是關心他而不是干涉他，父母心中要有一把尺作為最高指導原則；面對孩子衝動、情緒不穩定時，才能適時拉他們一把，以免他們在茫然無知中不小心出軌。

其中必須注意的是，管教態度必須前後一致，不能一下子把他當大人，一下子又把他當小孩；管教尺度忽寬忽緊，會讓子女感到無所適從，這只能靠父母的智慧拿捏。

如果你希望自己的孩子成長、茁壯，步履穩健的邁向成年，就要以尊重、瞭解、關心的立場，幫助他做好青少年的生涯發展計畫，讓他們認識自己、接受自己，也更加瞭解自己與別人的不同，珍惜自我的特質，並培養自尊與自信——這些都是發展健全人格的第一步。

只要我們能找出正確的教育方法，以尊重、瞭解、關心的態度加上適當的教養方法，必可幫助孩子們建立長遠的生涯發展觀念，陪伴他安然度過這段青春狂飆期！

（本文為演講整理摘錄）

進入孩子的內心世界——你們可以更親密

孩子要如何培養情緒的成熟度、學習人際的溝通呢？其實，最好的學習場所就是家庭，父母親就是最好的老師。

／郭麗安（彰化師範大學輔導與諮商學系教授兼副校長）

如果你家有青少年，應該會同意：青少年是個不容易讓人瞭解及溝通的族群。每次翻開報章，總會看到一些令人怵目驚心的社會新聞；曾經有一樁飆車滋事的事件，令人印象深刻。據報載，那批滋事的青少年，為首的才十五歲，率同夥凌晨兩點在某社區飆車；當社區的住戶試圖勸他們離去，卻反遭石頭攻擊。這種只求自己痛快、完全不顧他人感受的行為，在我們那個年代非但難以想像，而且也沒有人敢這麼做。

在以前，如果我們在外行為不檢、干擾到鄰居或讓鄰人看不順眼，必會招來一頓怒罵：「你們太沒有家教了！」這等說詞就令我們羞愧得趕快跑開了。

孩子心事，怎不對父母傾吐

大部分的父母喜歡說：「孩子，我要你將來比我強！」卻很少引導孩子去思考：念書是為了什麼？還有將來到底要做什麼？而「強」又是強在哪一方面呢？

近年，台灣的教育界和心理學界都在討論ＥＱ（情緒商數）對成功的影響；科學家經過幾十年來的研究發現，一個孩子將來是否有成就，ＩＱ（智力商數）不再是決定性的因素，ＥＱ才是。換句話說，一個孩子如果擁有好的頭腦和學歷，充其量也只能保證他將來在社會上具有謀生的能力，不見得會比父母更有成就；唯有情緒的成熟度高人一等、人際溝通良好，才有可能創造成就高峰。

那麼，孩子要如何培養情緒的成熟度、學習人際的溝通呢？其實，最好的學習場所就是家庭，父母親就是最好的老師。遺憾的是，很多父母往往只注重考試分數，把孩子的學業成就當作唯一的成功指標，而忽略了孩子其他方面的情緒問題。

曾有一份問卷針對全國青少年進行抽樣調查；調查結果顯示，將近百分之八十五的青少年表示，自己有心事或煩惱時並不會先告訴父母。這個結果有三種可能：

第一個可能是，孩子有事想跟父母溝通時，父母卻沒有時間聽；

第二個可能是，父母的情緒不夠成熟，無法跟子女好好溝通；

第三種可能是，父母忽略了他們的需要。所以，青少年第一個溝通的對象，往往不是父母，而是跟他們一樣年少、不成熟的同學。

為何溝通，先想清楚再行動

所謂溝通，簡單的說，就是「跟他講一段話」。假如我們要跟孩子講一段話，或是聽孩子講一段話，最重要的目的是什麼呢？這個目的一定要先想清楚，才能創造良好的溝通互動。

首先，我們必須問自己：為什麼要跟孩子溝通？這次的溝通，是為了要讓孩子瞭解我們的想法，還是在尋求孩子的支持？是為了傳達愛意，還是想藉此操縱他？是為了想加強管教，讓他聽你的話，做出符合你期待的行為嗎？

如果你一開始都搞不清楚自己的意圖，就找孩子來談話；非但達不到你想要的溝通，可能還會溝而不通呢！

以夫妻相處為例，如果先生晚上十二點才回家，卻沒有打過電話報備，氣急敗壞的太太可能在先生一開門就說：「你不要回來好了！」這句話其實真正想表達的是：「我實在太在乎你晚歸；假如你下次必須晚回家的話，請你事先告訴我，讓我知道你去了哪裡才放心。」可是因為她太生氣了，以致衝出口的話十分傷人。

晚歸的先生聽到太太的話，得到的訊息變成是：「妳只是希望我準時

回家，卻毫不在意我的感受。」在這樣的情況下，兩個人可能就要開始吵架了。

從這個例子我們可以瞭解，如果我們要創造良好的溝通，最重要的是必須先瞭解自己說話的目的；也就是說，在溝通的過程中，你究竟想獲得什麼結果？

倘若你心裡有事，想要跟孩子談卻不知如何開口的時候，必須先瞭解自己為什麼想要跟他談。比方說，家裡發生了一些事情，你想要和孩子談一談；你在特地找他來談之前，事先必須要先想好溝通的目的和方向。

傳達愛意，讓孩子感受善意

如果你只是想尋求孩子的瞭解，那很簡單，只要把孩子找來說：「我今天看了你的成績單，看到你的成績，媽媽心裡有點難過，你能瞭解媽媽的心情嗎？」這一段話，很容易就能讓孩子理解你的心情。

只是，我們很多時候可能還想進一步尋求他的支持。於是，當你講完這段話，就可能希望孩子能夠附和你說：「我知道您很難過，下次我不會讓您這麼難過了。」後面這句話如果是你所想要的答案，就代表你心裡不但希望孩子能夠理解你的心情，還希望他能有善意的回應，支持你的情緒紓解。

然而，這樣的理解對一個國中生來說，層次稍微高了些，想要實現可能會有困難。試想，即使是你的配偶，都未必能做得出這麼成熟的反應，更何況是你的孩子？所以，如果你把溝通的目的，設定在尋求孩子的支持，你們之間的溝通很可能會失敗；因為，這是期望的落差，並非只是溝通的問題。

溝通的目的之一，是為了傳達愛意。比如，你看了成績單後告訴他：

「我今天看到你的成績單後滿難過的，因為媽媽擔心你將來在學業上會跟不上人家，然後慢慢地愈來愈討厭做功課，這讓我很擔心；因為我關心你，所以才會這麼擔心呀！」

換句話說，你的擔心並不是要他考第一名，而是擔心他的自尊降低，以後會自暴自棄、放棄念書；因此，你只要傳遞關懷的意思，孩子便能接收到這分善意；在程度上也不會有什麼問題，因為你是主動發話溝通的那一方。

愛與管教，雙管齊下有技巧

溝通的另一個目的則是為了「管教」，這是親子之間極易引發衝突的一種溝通模式；因為，當父母在溝通時，為了管教或操縱管理，容易在言語上出現各種命令式的言詞。例如：「如果你考不好，我就不准你……」

「如果你今天晚上不把書念完，你就別想……」等，要求孩子去做一些事情，以表現自己的愛；不過，這樣反而讓孩子一聽就馬上躲起來了。

這種強制性的行為，我們稱為「操縱」。在人跟人之間、尤其是父母跟孩子之間，有時為了必要性的管教，必須技巧的利用心理學上所說的獎懲方式，有效地管教或是導正孩子的行為，希望他們朝好的方向發展；這在親子關係裡仍是十分必要的。

我們今天談教育，就必須要善用「愛」與「管教」雙管齊下的法寶。如果父母平常在家裡不管孩子，任由他們隨心所欲，可能導致的後果——小則孩子沒有禮貌、易忽略跟人相處的禮節，大則蠻橫不講理，甚至日後變成「對人不感恩」、「對己不克制」、「對物不珍惜」、「對事不盡力」的成年人。

所以，在溝通的時候，我們除了尋求支持、尋求瞭解、表達愛意之

外，更需要用溝通技巧來達到管教孩子的目的；也就是讓他先獲得「有安全感的愛意」，而不是威脅及命令。如果讓他覺得做某些事是被父母逼迫的，心裡卻不認同父母的期望，父母便無法達到管教的目的了。

聽他講完，且不要遽下判斷

假如孩子跟你說：「我很想買一套漫畫全集！」你回答：「別做白日夢了，你連想都不要想！」一句話就推翻他的想法；一而再的如此，會讓他慢慢學到：「我只能想我應該想的事。」而什麼是他「應該想的」？卻不是他們所能自主的；以後，他們有很多奇奇怪怪的想法，便不會再跟父母講了，而是寧可在網路上跟其他人分享。

溝通是工具，而不是目的。例如，孩子功課不好，父母要怎麼跟他談，是有很多種選擇的——

最傳統的說法是：「如果不好好念書，將來怎麼找好的工作呢？」這是用沒有出路來嚇他；

第二種選擇是說：「你不覺得這樣很丟臉嗎？你又不笨，怎麼會念成這個樣子？」

第三種是溺愛孩子：「不想念書就別念了，不要這麼痛苦；等你國中畢業，我就準備一筆錢送你出國念書。」

我則是選擇第四種方式，也是最難的方式。

首先，我要先瞭解他對自己考不好有何想法。我們找孩子溝通，很多時候只是一股腦的訴說我們比他還要難過，逼他要為你的難過負責；如此一來，讀書對他來說便成了一件苦差事。因為讀書是為了父母，而不是為了他自己，他一直勉強應付著；等哪一天他忍耐到某個程度，就可能爆發更大的衝突。

所以，我們要製造可以談話的情境，讓他可以將感覺及想法抒發出來；不管他怎麼說，都不要遽下判斷。比如，某個同學不理他，大人可能會說：「那個人又不是多好，他不理你有什麼了不起？」可是，在他的世界裡，這些人就是他的全世界，小小的事情都會令他感到痛苦。

我們要嘗試做孩子的朋友，對他的情緒反應敏感，讓他接收到善意的訊息，感受到家人的關心及愛意，讓他覺得家庭是個人成長的助力，而不是阻力。

就事論事，建立溝通方程式

此外，我們要就事論事；不管自己有多生氣，也不要說「你笨死了」、「你無聊」、「你可恥」等詛咒性的話語。我們不妨用一個像方程式般的溝通架構，藉以陳述自己的觀點。

例如「每當你放學後在外面逗留那麼久才回家，都讓我覺得非常擔心」這句，就是先說「每當你怎麼樣……」，那個「怎麼樣」是很具體的一件事；接下來再說「都讓我……」，這是談自己的感受；最後提出期望及要求作為結語：「我希望下次你放學後有什麼事耽擱的話要先打個電話，或是先回來後再去做你想做的事情。」

一天說一件事情，每次溝通的事情要具體化，讓孩子知道怎麼做才能讓你安心，而且是他能力範圍內可以做到的事。

爸媽不必講你養孩子有多辛苦，不必講你對他的期望有多深，不必講他以前曾經答應你什麼事情但今天又食言……那些都不重要，重要的是溝通今天所發生的事情！如果他說明天可以做到就相信他，讓他有機會改進；如果明天他沒有做到，再跟他說：「我記得昨天你說你做得到，今天卻沒有做到，要不要告訴我問題出在哪裡？是你自我期望太高呢？還是你忘了？」

總而言之，溝通是每天都要進行的事；如果過去溝通不良，就把它當做過去式。從今天開始，我們全心全意的與孩子、配偶、朋友加強溝通，讓孩子看到父母不斷在學習成長，體會到父母想陪他一起成長的誠意；孩子感受到父母這樣的關愛之後，親子之間未來的溝通相信會愈變愈好。

（本文為演講整理摘錄）

生活處處是潛能——栽培你的孩子

如果父母能瞭解什麼是潛能、並且願意多花些時間陪伴，自己就能幫孩子培養潛能，隨時隨地都可以進行，不需要花費很多金錢。

／董媛卿（親職教育專業講師）

在商業宣傳推波助瀾的影響下，很多家長為了不讓孩子輸在起跑點上，經常安排孩子四處學才藝，讓孩子覺得很不耐煩、也不珍惜。

白天上課、晚上補習，回家再複習；很多孩子每天這麼忙碌，不僅花了很多時間，家長也花了不少金錢。培養孩子的能力一定得花大錢嗎？家長可不可能靠自己的教導來啟發他呢？如果父母能瞭解什麼是潛能的話，自己就能幫得上孩子。潛能的培養，不需要花費很多錢，只要有合適的方法，就能被啟發出來。

潛能大致上分成五種，包括好奇探索心、觀察力、記憶力、解決問題的能力和反省力。

一味制止會抑制好奇心發展

好奇探索心簡稱「好奇心」，是一種心理態度；孩子只要看到會動的東西，不論是自己或別人的，都會想多看兩眼、想摸一摸，更想把玩。家長若因擔心孩子在別人家中隨便碰觸，會讓人覺得自己的孩子沒有家教，甚至在自己家裡也一味制止他碰觸很多東西，就表示你認為那些東西比培養孩子的好奇心重要。

如果我們怕孩子弄髒、弄壞東西，不允許他觸碰；久而久之，孩子對很多事物就不想去看、去瞭解，更不會想知道眼前這個東西和以前看過的有什麼不同，對很多事物都沒有特別的感覺。或者，他會在你不容易規範到的地方無意識地碰觸；例如，到了百貨公司就伸出手漫無目的地四處亂碰或隨意拍打等等。

原本擁有強烈好奇心的孩子在這種教養方式下，經過三年、五年、十年……習性養成之後，好奇心就全給澆熄了。

那麼，該如何培養孩子的好奇心呢？

當我們從孩子眼神中看到了他的好奇時，要鼓勵他摸摸看、玩玩看。如果東西裝在盒子或袋子裡，可以讓孩子先猜猜裡面可能裝著什麼；如果猜錯了，也不要急著數落他或告訴他答案，反而要耐心的鼓勵孩子打開來看，讓他求證是否猜對了。這樣的過程代表著：我允許你、我鼓勵你去看看、去摸摸看、去玩玩看！

延伸思考可擴大理解和認知

在引導孩子發展好奇心的同時，仍可以顧及規範。例如，買了一些東西回來，孩子對袋子裡的東西感到好奇，可以鼓勵他先猜猜看是什麼，同時提醒他，要等全家人回來後才能拿出來一起吃……

若孩子問：「為什麼？」「如果爸爸今天很晚才回來，那要等到什麼時候？」即使你還不確定，也要對他的問題有所回應，或者建議他自己打電話問爸爸……

孩子的好奇心若與家中的規範牴觸時，要提醒他；當孩子提出進一層疑問時，便繼續跟他討論和澄清，促使他思考，擴大他的認知與理解能力。透過一層層的推敲，讓好奇心持續發展下去，增加刺激與反應的互動；不要停留在反射性的動作，只有單一的一次反應。

在鼓勵孩子觸摸的時候，家長心中要能放下擔憂。例如，孩子對桌上的蘋果產生好奇，在觸摸的時候可能會弄髒了外皮，或是握不穩而掉落地面；此時，我們不要斥責，否則也會扼殺了好奇心的發展。

●觀察四步：看到、細看、看出關聯、整合連結

孩子小時候找不到東西時，便會問：「媽媽，我的筆呢？」「我的書包呢？」

媽媽環視四周後就說：「在沙發上！」或「在那邊呀！」

孩子又問：「哪裡？在哪裡啦？」

若媽媽為節省時間就直接把筆或書包從沙發上拿給孩子；久而久之，孩子會愈來愈沒有觀察力，看待事情只有單一的角度。

觀察力就是將所見事物整合思考的能力，也就是展現推理與歸納的能力。就像觀察星座判斷方向，就是從星星的位置、大小、亮度，再結合相關的天氣、季節之後，再整合歸納出方位，這就叫做觀察力。

觀察力分為：看到、細看、看出關聯性、整合連結等四個步驟。國小四年級以下的孩子主要是由眼睛觀察來學習，這就是為什麼國小教材裡有很多視覺學習的畫面。

要培養觀察力，可以先從觀察生活中某人的舉止或做事過程開始。把這些過程當成一個個畫面，請孩子觀察後，整理他所看到的畫面；例如，有生氣的畫面、有開玩笑的畫面……接著，讓孩子連結這些內容，詢問孩子，從那個人的表現上整體來看，他是想要做什麼？讓孩子做出結論，判斷那個人是在跟人生氣吵架還是開玩笑鬥嘴……

一問一答刺激觀察力的延伸

培養觀察力有幾個要訣：

第一：把握時機。與孩子相處的任何時刻，都是培養觀察力的好時機，也就是「看到」；看到東西、把握時機，讓孩子跟我們都一起看到這件事情。

第二：提問。提問的目的是要孩子學習主動思考。當我們與孩子一起看到某個東西或某一件事情發生時，可以問：「你看到什麼？」引導孩子細細看，讓孩子仔細的觀察這個畫面或情景。

第三：延續問題。除了問孩子看到什麼，還要繼續問：「除了這些，你還看到什麼？」「這東西讓你想到什麼？」透過與孩子的一連串詢問與回應，讓孩子除了看到整個過程，還能去思維其間相對的關聯性。這種延續性的問題至少要問四個以上，才能延展觀察的廣度。

第四：比較性的問法。例如：「這東西與某個東西像不像？」或「它跟你以前看到的某物有什麼不同」等等，用比較性的詢問，讓他跟以前的經驗相連結。

第五：延伸到其他事件。不單只跟東西做比較，而是還要跟旁邊或周遭的人或事物等作比較。延伸是透過之前的一連串過程，與過去的經驗結合，再整合出相關的連結，以作為未來為人處世的參考。

例如，上次到麥當勞時，孩子點了可樂；這次到肯德基，還是要點可樂。你可以問：「麥當勞的飲料、杯子、價格和食物，與肯德基的有何不同？」「遊樂設施有何差異？」讓孩子除了喝可樂之外，也張大眼睛觀察和比較周遭的事物，有所觀察並進行思考。自己能培養定見後，以後對任何事情就不會只說「隨便」，而在別人做了決定後又有抱怨。

有了這樣的觀察力，就能隨時隨地欣賞不同的事物，到了美術館或博物館也不至於只是走馬看花，而能細細品味。

記憶力訓練從細節回想開始

記憶力的培養，就是不斷的問他曾經發生過的事，這是隨時隨地都可以訓練的。

例如：「今天去早餐店你買了什麼？」「口味呢？」「大碗還是小碗？」「多少錢一碗？」「那家店是什麼店名？」相關的周邊問題都可以問；如有想不起來的部分，我們可以提醒他，透過對話來訓練思考與記憶。

記憶力訓練並不限於當日發生的事情，一個月前發生的事情也可以；所問的內容需包含細節，讓他可以經由回憶喚出很多的聯想，叫出已輸入腦中的資料。

有些不經意便能記住的東西，那是一種瞬間記憶；如果沒有這樣不斷的做回憶的練習，孩子就不會習慣把記過的東西加以反芻。透過這樣的訓練，孩子對於生活點滴及周遭事物便會有多一點的關注，也可促使孩子主動去注意一些事物。

孩子記憶力增長後，對學習會有所幫助；例如，筆畫多的字能很快的記下來，而不會把一個字分成兩半來抄寫，造成錯別字很多的情形。

還有，隨時要讓孩子自己提出處理問題的方法。對幼稚園階段的孩子，可要求他想出四種解決的辦法；到小學階段則要求他想出六到八種方法。如果孩子想出的點子不好，不需急切的阻止，這會扼殺他繼續想下去的意願；也不應該馬上去評斷孩子的看法，不要讓孩子從你的表情或肢體中感覺到你不同意；否則，孩子發現你不贊同，便不再說下去，也就不再動腦了，他心裡想的是：「反正我怎麼說，你都有意見嘛，那就算了！」

鼓勵自主思考解決問題的方法

培養孩子解決問題的能力，最重要的就是要他「多想」。所以，在孩子想出第一個方法後，繼續問：「還有嗎？」「還有其他方法嗎？」

鼓勵他去想、鼓勵他用腦，讓他學習主動思考，讓他在想出解決辦法時，進一步思維哪些合適？哪些可行？能夠主動思考，遇到事情便不會先入為主，像是主觀認定是別人讓他生氣、別人不順他意。

父母該如何引導孩子思考呢？例如，星期假日全家去動物園玩，孩子滿心期待，到了之後卻花很多時間在排隊上；回來之後，孩子對於整個活動有一些抱怨，以後便沒有意願再去動物園。

家長便可以引導孩子回憶整個過程，找出不喜歡的原因，並去思考如何調整才可以開心的玩。孩子可能就會想到：假日人多，非假日便不會如此；未來應該排在非假日去動物園，便不會有這般不好的感受。

若是某件事情的整個過程讓自己的感覺很好，表示當初的主觀認定與結果是契合的、和諧的；若是感覺不好，則須思考，是否變更某些細節，就可讓之前的主觀認定與最終的結果契合；若仍認為不契合，便試著從過程中找出哪些步驟是造成當初想法與結果不一致的原因。

經常反省覺察有助增強執行力

反省不是針對結果，而是回憶過程，回憶剛開始做某件事情的初發心、想法和後續發生的事情等。自我覺察則須透過整體回憶後，重新檢視過程中自己的感覺，並思維下次若是重新規畫時，有那些需要調整、修正的地方。

反省力包含反省、自我覺察和自評；透過反省和自我覺察，才能夠為下一次做更好的安排。最主要的是把過去所經歷的加以整理，增強符合預期的部分，以強化自我信念；對於不合預期的部分，則思維如何調整。有了這樣的觀念之後，規畫或面對事情時就會有更好的態度，以及懂得事後的反省，讓自己一次比一次更好、更順遂。

一個人具有反省力後，就會瞭解如何才能讓自己好好完成一件事，怎麼樣的步驟會讓自己表現得好。他可以有依有據的面對每一件事情的成敗因果，不會做無謂的比較並因而充滿嫉妒或羨慕，浪費自己很多生命跟心力；因為，很多事情在做之前便已先評估過自己的能力，心就比較自由，能按照自己的心意去做，所以很多的想法都能達成。

而自評就是自我能力的預估、預估自己的水準。有了自我預估的能力後，便會調整自己的學習態度、計畫能力和執行能力等，也能提升自己的社交能力和解決問題的能力。

只要父母願意多花些時間，孩子能力的培養隨時隨地都可以進行；希望父母們都能好好把握，珍惜跟孩子相處的時光。

（本文為演講整理摘錄）

教出快樂的孩子——從瞭解人格特質開始

我們教養孩子的目的，應該是為了養育出快樂的小孩；因此，我們要瞭解孩子的人格特質，在教養上拿捏恰當的分寸。

／周美德（親職教育專業講師）

你的孩子是屬於哪一種個性？有什麼樣的傾向？相信這是許多父母所關心的。

美國南加大有幾位博士共同研發出一套理論，以性格型態將人的個性分成四種，分別是主控型、人際型、耐性型和傳統型，建議父母不妨藉此因材施教。

一、主控型的孩子——不服權威與管教

主控型的人多半擁有領袖氣質，他平時走路或說話，一定是抬頭挺胸、咄咄逼人的樣子；這種人不管在哪裡，都會有一群追隨者，唯他馬首是瞻，那種領袖氣質是天生的。他們只喜歡三樣東西：

第一是「權力」，他們天生喜歡抓權，喜歡帶頭管人、發號施令。

第二，他喜歡「金錢」，錢愈多愈好，或者說他們喜歡用數字為「成

功」下定義；所以，對這種小孩曉以大義，還不如直接用金錢獎勵他來得有用。

第三，他喜歡大量的「自由」，不喜歡過多的限制和過於瑣碎的細節。

如果你身邊有個主控型的孩子，你一定要給他多一點空間和彈性，不要期望他對你唯唯諾諾，因為他們都很忠於自我，也很善變，最不服從權威。

碰到這種叛逆性強的小孩，你不要用權威去壓他，希望他聽你的；而是要設法跟他做朋友，婉轉勸他、開導他，才能減輕他的叛逆性。換句話說，只要給他一個大的原則性規範，大事堅持、小事隨意就好了。

但是，有一點要特別注意：主控型的孩子由於個性較衝又強，通常比較沒什麼知心朋友，因為他們太驕傲了，總覺得別人都很蠢、很討厭；如

果這一點不改的話，長大以後人際關係會有障礙。

二、人際型的孩子——需要鼓勵與讚美

人際型的孩子天生很重視外表，喜歡打扮得光鮮亮麗；超愛說話，講話的速度也很快，但是說話內容卻沒有什麼重點。此外，他們給人的印象總是溫柔、熱情、幽默、很會說笑話，在團體中常扮演開心果的角色，同情心與同理心都很強，很能為人著想。

可想而知，「朋友」對人際型的孩子十分重要。他們不像主控型的孩子那麼獨立，善於獨處；相反的，他們十分害怕孤獨，需要歸屬感，喜歡跟人群打成一片。所以，對待人際型的孩子，只要你善用鼓勵、肯定的方式，對他多加讚美，他就會愈做愈起勁，頗有「士為知己者死」的氣魄；反之，你愈罵，他就表現愈差，也愈發沒有自信。

三、耐性型的孩子——情緒反應慢半拍

耐性型的孩子個性溫溫吞吞，做什麼事都比人慢半拍；不但講話慢、走路慢、吃東西慢，甚至情緒反應也很慢；即使心裡很焦急或生氣，也不會輕易表現出來。因此，他們表面上對人絕不說No，可是內心卻像鴨子划水般波濤洶湧。因為他很害怕與人發生衝突，說話總是欲言又止；有時雖然與人意見相左，只要看到人家臉色一變，他就馬上把話吞回去，不敢講出來。

但是，他們的優點是逆來順受、從一而終；雖然不像主控型的人擁有那種瞬間爆發力，可是他的耐力和持久性更佳。若說主控型的人是跑百米的，耐性型的人就是跑馬拉松的；只要你給他一個清楚的目標，告訴他怎麼做，他就自動調整好速度，慢慢的跑完全程。這種人在社會上往往是扮演螺絲釘的角色。

至於耐性型孩子的個性，有人說是天生的，也有人認為與父母太過強勢有關；因此，耐性型的人長大以後，有的會轉變成喜好使用權威，動輒就說：「你給我住嘴！」就像他的父母一樣。可是，另一方面他又害怕權威，看到「權威人士」不敢得罪；這種潛意識的「權威恐懼症」，應該與早期家庭父母的教養方式有關。

四、傳統型的孩子——追求完美不隨俗

傳統型的孩子，是屬正常、最不會作怪的族群。他們雖然也喜歡穿名牌，可是名牌對他只是一種「品質」的象徵；不像人際型的人追求名牌是為了獲得別人的注目和掌聲，傳統型的人則是因為追求完美，堅持「要用就要用最好的」。

他的結構性很強；如果你跟他講話，嘰哩呱啦半天不著邊際，他會覺

得十分難受，甚至不耐煩的打斷你。因此，傳統型的人聽人家講笑話也是繃著酷酷的表情，好像在說：「無聊！一點都不好笑！」

記得有一次，我跟一個朋友去看電影，正演得氣勢磅礡、眾人都全神貫注時，朋友卻突然冒出一句：「這個人的手提包怎麼不見了？」教人從陶醉中驀然驚醒。這就是傳統型的人。這種人非常注意細節，容易給人呆板、嚴肅、缺乏幽默感的印象，優點是按部就班、小心翼翼、力求精確、追求完美，是十分可靠的人生伴侶和工作夥伴。

可是，相對的，傳統型的人由於看待事情太過認真，甚至有點吹毛求疵、鄭重其事，處事也是黑白分明，完全沒有灰色地帶；所以，傳統型的人很容易杞人憂天、憤世嫉俗，不能容忍任何缺陷。偏偏人生不如意事十常八九，這種太過於「完美主義」的性格，反而會給自己及身旁的人過多壓力。

根據性格，找出教養的對策

當父母太過保護孩子，經常越俎代庖、幫孩子做各種決定，易造成孩子長大後變得很沒有主見。

愈是平日循規蹈矩、表現完全正常的小孩，愈有可能是最不快樂的孩子，因為他們的父母通常十分嚴格，不斷灌輸他該怎麼做才正確；若他做對了，父母即給予獎勵，強化他的正向行為。如此一日日的矯正、強化的結果是，孩子完全被「馴化」了，像一匹駑馬一樣，被困在各種道德規範的框框中，動彈不得；一旦長大後接觸到外面世界、突然生出自覺的時候，就有可能怨怪父母讓他活得毫無自我、一點都不快樂。

我們教養孩子的目的，應該是為了養育出快樂的小孩，而不是憂傷的、壓抑的、不快樂的孩子；因此，我們要瞭解孩子的人格特質，在教養上拿捏恰當的分寸。

比如，對於耐性型的孩子，你問他意見，他總是千篇一律的回答「隨便！」其實，他並不是真的「隨便」，而是怕做決定，怕人家對他大小聲。因此，當父母看到孩子猶豫不決的時候，千萬要耐住性子、不要輕易發火，以免孩子更加拿不定主意，最後變成你愈急、他就愈慢的拉鋸戰。

這時，父母應該要多鼓勵他，瞭解他為什麼做不了決定。例如，是否因為他每次說出自己的意見時，總是會受到批評？有些父母表面上很「民主」，要孩子自己做決定，像是問他要吃麥當勞還是蚵仔煎，當孩子怯生生地說「蚵仔煎」時，父母卻說：「昨天不是才吃過了嗎？今天換別的吧！」當下馬上否決了他的決定。久而久之，孩子怎麼不會怕說錯呢？

百般寵溺，孩子就不知感激

有一次到國中演講，一位媽媽對我說，她看女兒準備考試壓力很大，

好心煲了一碗補品端進房間給孩子，孩子卻不耐煩的對她大吼大叫說：「妳出去！給我出去！」這位媽媽悻悻然走出孩子房間，卻還不死心，就站在牆角等著，希望等孩子心情變好了，再把補品端進去。

還有一個朋友，逢人就報告兒子考上名校的好消息。想當年，他曾千方百計想要進入這間名校，卻未能如願；現今總算有子繼承父志，替他圓了名校夢，豈不令人欣喜若狂？

可是，不到一個月，我接到這個朋友的電話：「我真是快被我兒子氣死了！」朋友說，兒子吃的穿的全都由家裡提供，竟然還敢在房門上貼著「閒人免進」，實在太令人傷心。

這些情形讓人覺得，現代父母真是辛苦，一心一意為孩子著想，卻「好心被狗咬」，尊嚴還被孩子任意踐踏；這會不會使孩子長大以後對父母予取予求，覺得一切都是理所當然的？

董氏基金會曾做過調查發現，七年級生竟然有五分之一的人有憂鬱症傾向。這些人的壓力排行榜上前三名，第一是「考試」，第二是「課業表現」，這二者和往年排名差不多；第三名則和過去有些不同——「金錢」首度躍上排行榜前三名。

七年級生比較在乎金錢，而不是朋友和外表，這表示他們比較具有憂患意識，另一方面表示大家現在大多向錢看。這讓我想起報上一則報導：一名年紀才三十歲的年輕男子，因失業付不出房貸、房子即將遭到法拍，竟然放火燒屋，然後跳樓。

苦樂交并，培養生命的韌性

試想，父母要花多少心血，才能將一個孩子辛苦撫養長大？如果有一天孩子不再甩你，或是想不開就跳樓，父母的心中是不是很痛？沒錯，

生活壓力是很大，可能會失業、付不出房貸、股票狂跌……但大家都是一樣艱苦，也都能夠撐過去並活下來，這就是生命的「韌性」；只要韌度夠強，就不會一遇挫折就想不開了。

教育的目的應該是為了教出健健康康、活潑快樂的孩子；要讓孩子培養生命的韌性，體會生命有歡樂也有苦痛、有得意也有失意，學做「一隻打不死的蟑螂」，不要因為一點挫折失意就活不下去，這才是我們現今最要緊的課題。

（本文為演講整理摘錄）

智慧教養——健康家庭的五個花瓣

所謂的「智慧教養」，是要培養「人才」，而不是教出只會唯唯諾諾的「奴才」；是「人才」，就要培養他獨立自主、自我負責的個性，培養出他靈活的思考能力。

／蘇麗華（臺灣世界展望會北區辦事處主任）

每個孩子都是獨立的個體，會長成什麼樣子，大概有三分之一來自本身先天的氣質、三分之一受到後天環境的影響，其餘三分之一則是來自父母或重要關係人的影響。所以，當許多著急的父母問：「老師，怎麼辦？我的孩子都不跟我講話，我已經快發火了。罵也不行，管也不行，用勸的也沒用。」我也只能回答：「我沒有特效藥，因為羅馬不是一天造成的。」

家庭功能，五個面向並重

你有沒有想過，自己是如何變成今天的「我」？你的人格特質、待人處世風格是如何形成的？你用什麼方法教養孩子？該怎麼做才能真正發揮對孩子有益的影響呢？

父母影響著孩子，孩子也在磨練著父母，彼此的關係就像魚幫水、水幫魚。一個功能健全的家庭，就像一朵健康的花，由四片花瓣與一個花房共同組成，每一片花瓣代表一個家庭功能——包括規範、滋潤、幽默、退讓，以及一個具有引導與溝通精神的花房。

這五個面向在每個家庭裡各有強弱不同的表現，因此形成各自不同的家庭氣氛與風格；但是，它們對每個家庭來說都一樣重要，缺一不可。

◆規範：讓他學會自我負責

首先，在孩子的成長過程中，我們必須讓他瞭解什麼叫做「規範」和「界限」，能夠區分什麼是別人的、什麼是我的，想拿別人的東西需先徵得主人的同意，學會等待以及尊重別人；同時，也要學會哪些事情是自己的責任。如此一來，孩子才能從規範裡學會自我負責，培養出「吃苦也要把它完成」的意志力。

有些父母很清楚，該是孩子的問題就留給孩子，不會因為捨不得就越組代庖，而能讓孩子從失敗的經驗中，學會負起責任；因為，孩子是最聰明的觀察家，卻是最差勁的解釋者。

比方說，上學要遲到了，父母心疼孩子會受處罰，就搭計程車或騎摩托車送他去；孩子觀察到父母的反應，就會沾沾自喜的想：「太好了！本來要走路去上學，這下子還可以搭計程車或摩托車！」於是，就改不掉老是來不及上學的毛病。

如果沒有為孩子訂出規範，孩子學習不到責任感，也分辨不出如何尊重自己與他人。因為，在我們這樣的禮教社會裡，很多人不習慣對他人說「不」，也無法勇敢說出自己的感覺或想要的東西，好像那樣就是不禮貌、侵犯了別人的界限。當孩子想說「不」時，通常只要看到父母臉色一沉、語氣稍凶一點，他就不敢說出來了。

不只如此，父母還經常侵犯孩子的界限：「我覺得你不行，我來幫你……」「我告訴你，你的房間要如何整理……」你嫌孩子自己做得不好，就搶過來做，幫忙整理書桌、幫忙摺棉被、幫他打掃房間……這算不算侵犯人家的「內政」呢？

此外，如果孩子跟你講「外交」不好——沒有同學喜歡我、老師對我不公平……你立刻跑去學校找老師和同學「溝通」，便又干涉了孩子的「外交」。既搶了人家的「內政」，又插手了他的「外交」，使孩子在過程中學不到任何事情，不知如何保有自己的界限，反而學會了仗勢去侵犯別人。

◆滋潤：培養安全和信任感

另一片花瓣——「滋潤」，就是指包容、支持和無條件的愛。這個功能很重要，可以給孩子溫暖、信心，培養出對人的信任感和安全感。

但是，如果家中的這片花瓣能量太過豐沛，反而會造成孩子依賴心較重，經常動不動就說：「媽，這個我不會。」

若是當媽媽的一聽就說：「你不會啊！來，我幫你做。」「美勞不會，我幫你做；畫畫不會，沒關係，我幫你畫；玩具亂七八糟，我幫你整理……」孩子便會凡事都推給別人，做得不好也都是別人的錯，不會反省自己。

因為，孩子從頭到尾就只學會了一件事：依賴別人幫他解決問題。當他長大出去工作，碰到老闆責怪他事情沒做好時，他也會立刻撇清說：「都是因為誰……所以我才會……」根本不會承擔責任，而是認為別人都應該要幫他做好才對。

我有個女性朋友已經三十多歲了，每天上班前，還要媽媽幫她準備

「愛心便當」。她的大姊、二姊都已出嫁，每天仍回娘家吃飯；她自己也希望將來婚後能夠在娘家附近租房子，繼續享受媽媽的照顧。

可以想見，將來不管誰娶到她，娶到的不是「太太」，而是「岳母的女兒」；同樣的，有些女性婚後發現自己嫁的不是「先生」，而是「婆婆的兒子」。因為家庭中的滋潤及包容太豐富了，讓他們無法彼此切割、各自獨立。

◆幽默：建立深厚的親子情

你會不會和孩子一起玩電動玩具、打撲克牌、下象棋呢？會不會帶孩子出去玩，跟孩子互相打來打去，跟他一樣的叫、一樣的跳、一樣興奮、一樣快樂呢？

「幽默」這片花瓣，在家庭中也佔有同樣重要的分量。

很多家長說：「我小時候都沒有玩過，現在從孩子身上彌補，重新去玩自己沒玩過的東西，好像和孩子共同經歷了童年。」當孩子還小時，千萬別一直忙著工作，必須撥出一點時間陪孩子玩，也學一學怎麼跟孩子玩，以後才能跟孩子連上線。

在孩子的成長過程中，陪伴他一起看些好看的卡通電影，像是《玩具總動員》、《海底總動員》等，看完之後和他一起分享故事情節及心得，這對一個孩子來說是很重要的。

有個爸爸曾告訴我，他常和孩子一起玩套圈圈；每當他好不容易套住一個玩具時，孩子就在一旁大聲歡呼，父子倆高興得跳起來，歡樂的氣氛感染了周遭每個人。他興奮的說：「就算是總統，也不見得像我這麼棒呢！」如果你個性中比較缺少「幽默」，不妨從孩子的身上學習。這樣的家庭是有創意的、好玩的，愉快的真情自然流露。

◆退讓：尊重孩子的自主權

最後一片花瓣是「退讓」。你會不會跟孩子道歉？你願意完全放手，讓孩子自己作決定嗎？

為人父母者一定要瞭解，縱然我們的經驗比孩子多，但有時也會有犯錯及軟弱的時候。當我們在跟孩子激辯什麼是對、什麼是錯的時候，能不能退讓、妥協，同理孩子的立場，自己有錯時向孩子道歉？這是很重要的。一個家庭有這一片「退讓」的花瓣，可以讓孩子長得更堅強、更獨立。

我的女兒今年二十三歲，在工作上遇到了一些瓶頸；我瞭解孩子的個性，卻一時心急的勸導她，她突然回話：「對啦、對啦！我做人就是這麼不成功。」

我當時愣了一下，心想：剛剛我安慰她的話，給她的感受竟然是好像

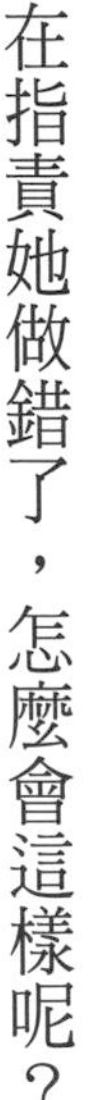

在指責她做錯了，怎麼會這樣呢？

這時，我先讓自己的情緒穩定下來，對她說：「對不起，媽媽剛才真的太急了，說的話讓妳有很不好的感受，我跟妳道歉。」看到我向她道歉，她也說：「其實我也有不對……」

父母對孩子焦慮和擔心是難免的；只是，當孩子漸漸長大、有了自己的想法和做法時，你能不能放手，允許他自己作主呢？如果你們家是有彈性的、可協調的、可退讓的、可以讓孩子自己決定的，有時候你甚至可以退居幕後當個旁觀者，讓他自己去試試看，不需要每件事都急著插手；等到他碰到困難時，自然就會明白什麼時候該找你談一談。

◆引導：助他思考解決方法

四個花瓣的核心是「引導」，也就是中心的花房所在，這是一般的家庭觀念中比較缺乏的。

「引導」是什麼？「引導」就是站在孩子的立場、位置，同理、瞭解並支持他，幫助他把心情感受講出來；等他發洩完後，才會知道自己的感受是被接納的，而不是被否定的。如此一來，你才有辦法讓他自己去想：「接下來該怎麼做才是對自己最有利的？」

我的大女兒在小學二年級時，曾氣沖沖的跟我說：「媽媽，弟弟好討厭，您為什麼要生下弟弟？把他裝回肚子裡最好了！」

當你第一次聽到這句話時，會怎麼回答呢？如果你說：「怎麼裝回去呀？妳是姊姊，本來就要照顧弟弟的啊！」這樣一來，孩子就會立刻閉嘴，你卻也失去了一次引導他思考的機會了。

我當時先問孩子：「弟弟做了什麼事讓妳這麼生氣？」藉此讓她說出內心真正想要表達的想法。

「我真的被他氣死了！」

「真的啊？到底什麼事讓妳這麼生氣？」

「他把我放在桌上的書都塗得一團糟！」

「原來如此！如果我是妳，我也會氣壞了。看來，弟弟真的造成妳很多不便，妳看要怎麼辦呢？」

「倒楣！只好認了啊！」

「女兒啊，我看，要教弟弟學會不畫妳的課本，好像很困難耶！這種事以後還是會發生，怎麼辦呢？」

她想了想，說：「看來，我的東西以後都不能隨便亂擺了，要小心收好啦！」

我立刻大加讚揚：「哇！妳想出這個保護書本的好方法，媽媽真的很欣賞；只是，這樣一來妳會特別辛苦耶！」她的怒火漸漸降了下來。接著我說：「以後我會告訴弟弟，妳曾經為他做了這麼多事情。」經過這番對話，她的情緒就被撫平了。

總之，當孩子有問題時，父母要先懂得傾聽，才能妥善引導；傾聽時不要只聽言語的表面，一定要聽到話語背後的心情，站在他的立場去體會他的感受，幫助他把心情表達出來；由你講出他的感受，他才會覺得被瞭解，之後再跟他共同思考解決問題的方法。而不是一開始就告訴他：「你要把書收好，才不會被弟弟亂畫。」或者「是你自己不好，誰叫你要隨便亂放。」

找到方法，還要商討實際操作時，這個方法有沒有用？如果沒有用，該做些什麼修正？這就是「引導」。

若是這四個花瓣及花房都有，家庭的功能便較能充分發揮，教養出來的孩子，個性就可伸可縮、可曲可直了。

智慧教養，影響孩子成長

孩子是獨立的個體，他會觀察、會有感受，會有反應；在家庭的人際互動關係中，因為父母及手足之間個性與氣質的交互影響，逐漸發展成自己待人接物的運作模式。他的個性有三分之一是受父母影響，而這三分之一是不是用引導的方式形成就很重要。

所謂的「智慧教養」，是要培養「人才」，而不是教出只會唯唯諾諾的「奴才」；是「人才」，就要培養他獨立自主、自我負責的個性，培養出他靈活的思考能力。

當孩子畫好圖畫拿給妳看時總會問：「媽媽，我畫得如何？」妳的回答是「很好」還是「不好，要多加油」呢？為什麼不試著問他：「孩子，你自己認為呢？」「你是怎麼想到要用這種方式來呈現？」幫助他瞭解自己怎麼看、怎麼說、以及怎麼想，找出自己真正想要表現的是什麼。

假如你讓孩子從小自己動腦思考、自己去解決問題，同時也讓他知道「我的門是打開的，永遠是支持你的。」他便會有信心。即使他偶爾做不好，有時也犯些錯，但是他能夠自我反省、自我負責，而不是一直問：「我該怎麼辦？你告訴我，我該怎麼做？」「你說的也對，他說的也對，那我到底要聽誰的？」如果孩子從來沒有自己獨立思考過，他的習慣總是「聽老師怎麼說、聽爸爸媽媽怎麼說、看他們的臉色怎麼說？」他如何學會做自己的主人？

我們教養孩子，要是能夠在他身上種下一朵健康的花，上面帶著規範、滋潤、幽默、退讓四片花瓣，再加上智慧思考作為引導的花房，他便能清楚知道自己現在正在做什麼、將要負責的是什麼，能在各種利弊得失中，明快果斷的取捨；那麼，我相信，這個孩子的未來，已經不再需要你操心了！

四大能力，十二歲前必具

每個人從出生開始都像是有一個空白錄音帶，如影隨形的帶在身上，不斷錄下周遭所有人的聲音並受其影響，父母的影響更大。如果父母能在孩子十二歲以前培養他發展以下四個能力，就足以協助他走好自己的人生。

第一是親密的能力。從孩子嬰幼兒時期，父母就必須提供穩定的照顧關係，培養他對人的信任感；假如嬰幼兒在這段時間缺少一個可以親密依附的主要照顧人，或是處在比較不鼓勵孩子自行摸索的封閉式環境中，會造成將來對人的信任感比較差，無法與人親密相處。

第二是控制的能力。在二到四歲左右，甚至到六歲以前，父母必須協助孩子學習「規範與界限」及「物的所有權概念」，明瞭什麼東西是自己的可以拿、什麼東西是別人的不能碰，讓他懂得如何尊重別人。

第三是分辨的能力。很多人到了成年還分不清是非善惡，也無法分辨事實與虛幻，還抱持著一些自以為是的想法，例如：「如果他愛我，他就應該都聽我的」、「我這樣對他，他也應該要這樣對我」……對於什麼事是想像的、什麼又是真實的，還停留在自我想像的階段，對他的人際相處會造成很大的障礙。

第四是勝任感與合作的能力。如果孩子的功課不佳，在學校的人緣不好，在家裡也不受重視，就容易對自己失去信心，擔心自己老是做不好事，因此無法產生足夠的勝任感，不容易與人分工合作。

以前的社會孩子生得多，有的孩子在學校雖然功課不好，在家裡還可以幫忙照顧弟妹或分擔家務；所以，在其成長過程中，不會否定自己的價值，長大以後仍可以成為一個很有能力的人。現代人孩子生得少，經濟情況普遍小康，父母就比較注重孩子的課業表現；如果孩子書讀得不好，又

沒有人引導他發展其他的優點，他就會對自己說：「我不會，我做不來，我什麼都不行，我沒有什麼貢獻。」

十二歲以前累積的經驗，會一直影響到成年；父母要從小培養孩子上述四項能力，才能讓孩子能夠獨立的經營自己的人生。

（本文為演講整理摘錄）

為自己負責——陪孩子走過成長路

家長在什麼階段應該扮演什麼角色，要用多元的角度去思考，讓孩子多多涉獵，多增加經歷及體驗，發展其多元智慧，而不是只局限在課業上面。

／林玟瑩（專業講師及作家）

我有個學生在士林買了他的第一間房子；他原本很快樂的搬進去，半年後卻打電話告訴我，他搬進去第二天就後悔了。

原來，他搬過去之後，每天早上六點五十分一定會聽到一位媽媽在呼叫：「阿強呀！起床呵！」「拜託啦！你會來不及啦！阿強！」這樣的呼叫，足足可以持續三十分鐘，周而復始的每天重覆上演，讓只隔一牆比鄰而居的人，都能聽得一清二楚，想不起床都不行。

孩子習慣養成，因與父母互動而生

我那個學生就這樣被疲勞轟炸將近半年。讓人深感不解的是，那個意志堅強的媽媽，為什麼半年來都沒有辦法改變孩子？換作旁人，聽三分鐘就受不了了。有一天，他忙到凌晨三點才睡，一大早又被隔壁媽媽叫孩子起床的聲音吵醒，他忍不住打開窗子對著隔壁叫：「阿強！起床啦！」

從這天起，隔壁的媽媽叫孩子起床的聲音變小了，但還是繼續哀叫著；可見，這對天才母子已經習慣了這種互動模式：媽媽習慣每天叫阿強半小時，阿強也習慣每天聽媽媽叫喚半小時才起床。

孩子養成什麼樣的習慣，和父母有很大的關係。如果阿強的媽媽能換個方式叫阿強起床，最多不超過三分鐘，保證可以改掉阿強賴床的壞習慣；因為，阿強已經習慣聽媽媽叫三十分鐘再起床，突然間變成三分鐘，他會下意識覺得奇怪，以為自己睡過頭，自然就趕緊起床了。如果他還不起床，就讓他遲到吧！

有人說，現在的孩子最欠缺的是時間觀念；但我認為，現在的孩子最欠缺的是「挫折訓練」。因為我們都在保護孩子，怕孩子犯錯、怕他們受傷；過度保護的結果，很可能相對的剝奪了他們的學習機會，甚至讓孩子養成過度依賴的習慣，造成「失能」的後果。

例如，孩子快遲到了，父母可能比他還緊張，馬上開車或騎車送他去上學；如此一來，孩子不知道要自我管理、自我負責，學到的卻是——反正要遲到了，爸爸媽媽就會送我去學校！可是，你沒有辦法保護他一輩子，孩子必須自己去承擔責任的時候該怎麼辦？

多元思考學習，發展多元智慧經歷

孩子很多習慣的養成是父母與孩子長期互動、應對的結果。不要妄想用言語去改變孩子，只有父母自己先改變行為模式；因為，他需要跟你相處，只要你變了，他就不得不變。你要去帶動他，適時的當孩子的推手，幫助他省思，讓他學會為自己選擇、為自己負責。

很多父母親雖有心栽培孩子，卻忽略了去釐清什麼是孩子最需要的。看著人家補什麼，就讓孩子也跟著補，人家參加什麼就趕快去參加，深怕孩子輸在起跑點上；卻沒有想到，這麼做只是讓孩子不落於人後，而不是比別人更出色，甚至可能愈補愈差，因為根本補錯了方向。

如果再問：「到底是輸在起跑點比較嚴重？還是跑錯跑道？」很多人應該就會發現跑對方向才是重要。與其跑到最後發現孩子跑錯了跑道，不如一開始就讓孩子多元學習，往多元智慧發展，不要偏重或限定任一種可能性。

孩子小時候當然會在課業上花比較多的時間；可是，你要讓他有時間接觸其他的事物，學習跟人溝通、跟家人互動相處，同時也不能忽略休閒、興趣和夢想的經營。他在人生每一階段都有不同的需求和轉變；比如說，青春期開始有情感的需求，成年期則有成家立業的需求；這些都會隨著人生的不同階段而有所轉變、有所取捨，沒有先前的嘗試及練習，他怎能有足夠的選項進行選擇呢？

人生像一個圓，每一面都彼此關聯

《商業周刊》曾有一篇文章論道，人有三次「投胎」的機會：第一次叫「出生」，我們沒有辦法決定自己的出身，你一生下來是富貴人家還是小康家庭，就已是先天注定的。

第二次投胎的機會是「結婚」；娶對人或娶錯人、嫁對人或嫁錯人，其間差別就很大，所以台灣有句俗話說：「娶對老婆可以減少奮鬥三十年。」不過，「減少奮鬥三十年」有兩種意義：一種是娶到賢妻或富婆，可以提早吃香喝辣；另一種則是夫妻不和，閨房勃谿不斷，讓人「少活三十年」。

第三次投胎則是身邊有一群益友，就好像加入「良師俱樂部」，這才是我們可以自己創造的機會。人生本來就有種種問題；如能讓孩子平日多結交良師益友、參與人際應對，多跟人交流、互動，可以讓孩子預先瞭解、看到自己的問題，人生和視野逐漸開展，看到的格局也會跟人家不一樣。

人生像是一個圓，這個圓包含著很多面向，比如健康、家庭、休閒、人際等，每一個面向都是彼此關聯；如果其中有一個出了問題，就像一個輪子缺了一個角，運轉起來必定轉一下、頓一下，影響到行進速度。

如果人際關係不好，也不學習成長，人生沒有夢想，感情又出狀況，經濟也不好，家庭也破一角，這樣的輪子怎麼轉得動呢？

因此，家長在什麼階段應該扮演什麼角色，要用多元的角度去思考，讓孩子多多涉獵，多增加經歷及體驗，發展其多元智慧，而不是只局限在課業上面。

要記得，父母永遠只是一個旁觀者，可以幫助孩子釐清觀念、省察自我，卻不能夠代替他做選擇；畢竟，人生是他的，要讓他自己做決定，學

習為自己負責。

用心檢驗自己，自信由此建立

其次，孩子最需要訓練的是「自信心」。因為，孩子的心智尚未擁有真正的自信，大部分的孩子都還不夠成熟到可以正向解讀外界的現象與刺激；所以，對自信不足的孩子，我們需要多給予鼓勵。

但是，有時候光是鼓勵仍是不夠的。很多資優生從小在父母、師長的鼓勵下長大，一進建中、北一女等名校，名次卻從第一名掉到後面；自我不能接受這種挫敗，就會產生嚴重的挫折感。對這些孩子來說，太多的鼓勵有時反而也是一種壓力。

所以，我們應該讓孩子知道：凡是人都會犯錯，都會有不好或達不到的時候；讓孩子有所經歷、勇於承受，並能真實的面對自己、接受自己的不足，那才叫做真正的自信。

以我自己帶孩子的經驗，不管他考第一名，還是第十幾名，我從來不問他分數和名次，只問他：「兩次考試之間，自己認為什麼地方有進步？什麼地方則退步了？」經過這幾年的訓練，他現在會告訴我：「上次我寫不完，這次不僅寫完了，還有時間檢查。」或者上次考試因為緊張而表現失常，這次考試一點都不緊張。這何嘗不是一種進步！

讓我更感動的是，他竟然會主動表示自己的數學退步了——因為比較少花時間在算數學。我反而讚美他說：「你覺察到自己退步，表示你已經開始有反省；恭喜你，你已經進步了！」

只要孩子能夠真正用心去檢驗自己，千萬不要拿他跟別的孩子比；讓他自在的面對自己，自己跟自己比，他的自信就來自於這裡，而不是靠別人的鼓勵來肯定自己。

培養良好EQ，成為不可替代特質

另外，我們還需要訓練孩子的ＥＱ，亦即情緒管理的訓練。你自己的ＥＱ好不好？你有沒有心情不好而說錯話或做錯事的經驗？這種情形很多人都曾碰到。

有一次，一家上市電子公司大規模裁員五百人；從電視上看到那五百名員工一把眼淚一把鼻涕、拿著自己打包的箱子走出公司大樓時，我的感想是：公司有這麼多人，為什麼偏偏是這批人遭到裁員？這大概只有一個解釋：這批員工缺乏具有競爭力的個人特質，在公司裡面有沒有他都一樣，很容易就可以找到替代他的人。

什麼是不可被替代的個人特質呢？也許你會認為應該是「專業」吧？其實不是。因為，專業是執行業務必要的條件，任何人只要從事某一行，就一定要具備這一行基本的專業，所以專業並不是競爭力。當兩個人都擁有相同專業的時候，公司會看重的，是你擁有別人沒有的特質，這才是真正的競爭力。

要提高孩子的競爭力，可以從幾個部分著手，像是培養孩子在音樂、體育、創作、人文藝術、人際應對等方面的能力，都是十分個人化、不可替代的特質，讓他特別與眾不同，可以做到別人做不到的事情。

例如，有些人的人際關係特別好；同樣是請客吃飯，他會貼心的想到送女客一束鮮花，增加賓主盡歡的氣氛，令與會人士印象深刻。這樣別出心裁又貼心的舉動，就是擁有良好的ＥＱ，也就成了他的優勢。

訓練溝通能力，引導孩子說明心意

如果你缺少這種別人想不到的創意，也可退而求其次，選擇別人都不願意做的苦差事來做，也是一種高明的ＥＱ；即使吃力不討好，但可確保

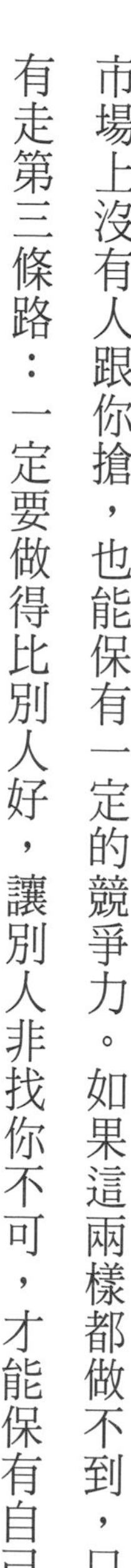

市場上沒有人跟你搶，也能保有一定的競爭力。如果這兩樣都做不到，只有走第三條路：一定要做得比別人好，讓別人非找你不可，才能保有自己的競爭力。

要讓自己的專長有比別人多一點不一樣的地方，才不容易被取代，而這也是我們要幫助孩子在未來方向和思維上好好規畫的地方。

所以，你一定要讓孩子自己去思考，找出解決問題的方法，不要急著給孩子答案；唯有他自己經歷過那一段過程，他才會懂得怎樣細緻的剖析自己，精準的做出決定。這個能力可能比你留給他任何財產還要重要，也是對他的未來真正有所幫助的。

再則，我們要培養孩子的溝通能力。溝通是絕對需要被訓練的；當你看到孩子的臉色很難看時，你詢問時他就會說嗎？假如孩子不願意把心事告訴你怎麼辦？我們的天才老爹、天才老媽可能會跟孩子說：「哪裡不舒服嗎？還是有人欺負你了？」「是不是掉了什麼東西？」這下可好了，本來是問答題，現在變成選擇題；你多問幾次，孩子就懂了——下次隨便編一個答案就好，以免爸媽一直追問下去。

這種應付式的溝通，其實不叫「溝通」，因為溝通應該是絕對開放、沒有預設條件的。通常我都會問：「怎麼啦？現在不講沒有關係，等你想講再說吧！」如果我聽了覺得不夠，就繼續問：「還有嗎？」引導孩子往下說；不要預設立場或太快下結論，讓孩子覺得跟父母溝通沒有用。

接受挫折磨練，學會解決問題關鍵

我們還應訓練孩子發現問題以及解決問題的能力。真正快樂而且有智慧的現代父母，都應該樂見孩子具有判斷和獨立解決問題的能力；只是，許多父母都有這樣的疑慮：看到孩子做出錯誤的判斷時，不知是該叫他停，還是任由孩子繼續選擇錯誤的經歷和過程？

我的建議是，只要不是太離譜，即使父母不認同孩子的選擇，不妨適度放手，讓孩子自己去接受挫折磨練；父母只要陪他經歷這一段人生應該去實際面對的過程，包括他自己的情緒、壓力和人際關係。

孩子也許在這過程中多繞了一些路，但這些歷程其實並非徒然，至少他學到了教訓，知道人生不能隨便下決定，以免做出錯誤的選擇。既然自己已經做了選擇，就得扛起責任來，否則永遠學不會發現問題和解決問題！

（本文為演講整理摘錄）

做可以聊天的朋友——沒有壓力的親子相處

在所有人際關係中，最好的溝通就是學會傾聽；在你聽清楚什麼人、什麼時候、發生什麼事及他當時心裡的感受之後，才能夠幫對方作出整合。

／張資寧（家庭關係發展協進會理事長）

我們上一代，每個家庭的孩子都很多，父母賺的錢全都用在孩子身上，有時還不夠用，生活過得十分辛苦。反觀現今的家庭，孩子的數目減少了，每個孩子可獲得的教育資源比以前多，但教養問題卻不減反增。這究竟是為什麼呢？

愛與被愛，造成壓力反有害

實務上發現，有些青少年從小學五、六年級就開始蹺家或不喜歡回家；其中必定有些問題，才會讓孩子在家裡待不住。找出問題的癥結，重新建立良好的家庭關係和親子互動，才是根本的解決之道。

有一年中秋節和朋友夫婦一起賞月，朋友的太太說：「這個暑假真是辛苦，所有時間都給了孩子！」原來，他們家小孩雖然才念小學二年級，暑假中卻報名學了七、八樣才藝，包括心算、陶土、游泳、畫圖、書法、電腦等；可想而知，孩子的媽媽自然就成了「計程車司機」，從這裡接送到那裡，每天疲於奔命。我聽了著實吃驚；這孩子才讀小學就學這麼多，以後進了國中，父母的期望豈不更大？

許多父母總有「望子成龍、望女成鳳」的心態，為孩子做牛做馬、無微不至而甘之如飴，希望孩子樣樣都好，成績好、表現好。但是，付出太多，相對的期望也高；一旦孩子表現不如預期，就會有很大的失落感，甚至開始給孩子壓力，在親子之間製造很多對立。而這些失望、挫折和無奈，對孩子的成長又會造成許多情緒上的傷害。

其實，天下沒有不愛子女的父母；只是，我們愛的方式、表達的方法、使用的言詞或呈現的情緒，有時讓孩子覺得有壓力，被愛得很痛苦、不甘願，這就枉費了父母的一番心意。所以，面對青春期少男少女，要建立真正健康的親子關係，才能達成良好的互動。

良好溝通，從傾聽開始互動

父母要跟孩子建立良好的關係，一定要從傾聽開始。孩子上了國中以後，學習的環境全改變了，不同科目由不同的老師教，孩子可能一天只跟導師相處一個小時，心中難免覺得孤單。

因此，當他放學回到家時，父母若能夠放下工作，陪他坐上三十分鐘，聽他談談學校的事，多瞭解他的心情和感受。如此一來，孩子對於國中的生活便較能適應也較快樂，因為他感受到父母跟他一起成長。

不管孩子說什麼，你都應該全神貫注的傾聽，把焦點擺在他身上，這是親子之間最重要的溝通技巧。當我們在跟孩子互動時，不單要瞭解他心裡在想什麼，也要藉此瞭解孩子要的是什麼、他的能力和性向在哪一方面；最糟的是，聽到孩子所說的不符合自己的期望時，馬上表示不同意。

在所有人際關係中，最好的溝通就是學會傾聽；在你聽清楚什麼人、什麼時候、發生什麼事及他當時的感受後，才能幫對方作出整合。例如，孩子若說他很討厭老師，可能是因為上課時老師都把焦點擺在別人身上，好像忽略了他；這時，你若一直幫老師解釋，而不站在他的立場說些安慰的話，孩子可能會認為你老愛落井下石，以後就不再把事情告訴你了。

調整角色，把孩子當成朋友

你可能會說，如果孩子做錯事，不該批評、提醒他嗎？當然，如果孩子真的有錯，是應該提醒他；但是，你怎麼知道他真的做錯了呢？在還沒有完全瞭解真相時，怎能這麼快就確定孩子是錯的？即使孩子真的做錯，你也要知道他是故意或是無心。所以，剛開始時一定要站在孩子這一邊，認同他的情緒、瞭解他的心情，等他情緒過後才會聽你的。

所以，良好的溝通不是只有聽孩子說的話，還要聽他的心情，這樣才可以撫平他的憤怒、不平、敵意等情緒。當他覺得自己受到注意和尊重，心中所受的委屈和內心想法也可以發洩出來時，心情就會好過些；這時再跟他溝通，即使是相反的意見，他應該也能聽進去了。

唯有充分瞭解孩子的意見、心情及感受之後，你才能適當的表達身為父母的意見。比如，兒子外出時說好晚上十點以前回家，可是卻很晚才回來，也沒有事先打電話。這時，父母先別生氣，也別罵他，不妨平心靜氣的問：「我等你很久了，是什麼事情讓你這麼晚回來？」

讓他先講，講完之後再告訴他，這種情形會讓父母很擔心，希望他下次如果不能按時回來要先打電話報備。這才能真正的解決問題，光責罵是解決不了問題的。

大家都喜歡和「可以聊天」的人說話，因為他們會聽，自己也能夠表達；你是否能成為孩子聊天的對象、成為他的朋友，便取決於會不會聽他說話。所以，對國中階段的孩子，父母需要調整角色，把他當朋友、當大人看待，適當的尊重他。

人各不同，應挖掘孩子潛能

在增進對孩子的瞭解上還要注意以下幾點：

一、避免使用權威和控制型的溝通模式，以免造成孩子緊張及壓力；

二、父母要試著改變自己的第一個感覺或反應；因為，當我們的直覺反應太強烈時，會讓孩子覺得沒有下台的餘地；

三、試著用不同的方法讓孩子說出心裡的話；

四、要接納並給予支持及關愛。

同時，父母要瞭解孩子在青春期前後因生理改變而產生與以前不一樣的行為和想法，不能硬要扭轉他變回以前的樣子。其次，父母要考慮孩子的個別差異。在同一個家庭裡，哥哥表現好，弟弟卻不一定；妹妹書讀得好，姊姊未必一樣學業出眾；「人比人氣死人」，不要拿自己的孩子跟別人比，也不要將自家孩子做比較。有些孩子天生與眾不同，做父母的要加倍辛苦、加倍用心栽培。

所謂「行行出狀元」，在孩子的成長或學習能力上，父母應致力於挖掘孩子的潛能，給他最好的教育刺激，把潛在能量發揮出來。當孩子學業成績不甚出色時，並不代表他這一輩子就完蛋了；相反的，應該幫助他發展讀書以外的其他專長，這也就是為何現行的教育政策要破除所謂的「升學班」與「放牛班」。認同每一班、每一個孩子都是好孩子，他們的學習表現也許就會不一樣；不是只有會讀書才是「好孩子」。

成長中的孩子就像一張白紙，也像一塊璞玉，就看我們作父母的怎麼去琢磨。

循循善誘，引導孩子向前走

當我們學會溝通後，應該幫孩子做成長規畫；因為，孩子不是生下來就知道將來要怎麼做，他們還有很長的路要我們陪伴他、帶領他。

在親子關係裡，父母可運用一些方法鼓勵孩子往好的方向走；當孩子達到自己規畫的目標時，要即時給予增強，包括口頭誇獎、肯定，無論精神或物質的鼓勵都極有必要。比方說，允許孩子比平常多看半小時電視，或多給他一點零用錢，都是可採用的方法。

當他進入國中後，父母可以引導他一起規畫生活作息，包括每天幾點回到家、回家之後做什麼、何時做功課；而不是在他看電視時就罵他，不洗澡又罵他。只要肯跟孩子一起討論，他們投入及參與的意願就會更高。計畫完成後給他一些空間，比如一星期或一個月才檢查一次，讓他一步步成長；同時也是尊重他，讓他學會自己安排時間。

若他沒有做到，便可以用減少看電視的時數或零用錢等限制。但增強與限制只是一種手段，應交互運用，慢慢提升孩子的榮譽感，增強他對自我的要求，讓青春期的孩子學會對自己負責，才能愈變愈好、愈來愈懂事。

三大需求，務必尊重與滿足

從成長階段的身心發展來看，青少年有三大需求，包括隱私的需求、被愛的需求、以及獨立冒險的需求。父母若能尊重並滿足孩子這些需求，對改善親子關係是十分有幫助的。

◆一、隱私的需求

孩子小時沒有所謂的隱私問題；進入青春期或國中階段，會開始想要有較多的私人空間，例如有自己的房間及隱私權。當你懂得尊重他，孩子也會尊重你。假如你發現孩子有些異常，可以婉轉的和他溝通，但不要侵犯他的領域和隱私——就像你我的隱私也不希望被人侵犯一般。

◆二、被愛的需求

父母失和、缺乏和諧的家庭關係，都會造成孩子的情緒不穩定。所以，父母要自問，是否能提供一個安全的環境，讓子女情感上能夠健康的成長。

除了安全感之外，更重要的是，當孩子的學習成就沒有達到父母期望或要求時，父母應留心自己的態度和言詞，不要讓孩子覺得父母不再愛他。畢竟，父母對子女的愛，應該接受孩子的一切，而不是因為他有什麼成就與表現，這樣孩子才會產生安全感。

◆三、獨立冒險的需求

獨立冒險也是青春期孩子的特徵。有個朋友回憶起，高中時想與同學來一趟腳踏車長途之旅，從台北到中部來回，還有幾位同學約好一起去；他原本擔心父親會不答應，便可能被同學們看不起。幸好，他父親很明理；非但沒拒絕，還告訴他，如果到了中部騎不回來，坐車回來也沒關係。就這樣，他當年跟幾個同學從台北陽明山一路騎到南投。

在子女學習獨立的過程中，只要不會有太大的危險，父母應放手給孩子更多成長空間，彼此多尊重、多體諒。當他們學會獨立後，父母的擔子便能減輕許多，雙方豈不皆大歡喜？

（本文為演講整理摘錄）

追夢與圓夢——探索自己，規畫生涯

幸福的人生除了外在的成就之外，還需要內在願望的實現。探索自己，建構符合自己本性的核心生涯目標，充分揮灑潛在的能力，人生才不致有所缺憾！

／黃素菲（陽明大學人文與社會教育中心副教授）

我在醫學院任教時看到，許多醫學系的學生對生命科學及淑世救人，確實懷抱著熱誠與理想；卻也看到，有些學生之所以念醫學院，只是從小在父母的期勉下一路考進醫學系，但學醫並非他們自己的選擇與興趣。

決定子女生涯，想想這是他要的嗎？

父母常理所當然的以為自己是為了孩子好，卻忘了時代變遷，社會的趨勢是不斷在改變的。比如說，民國五、六十年代，那時的第一志願是台大土木系；到了七十年代，就變成電機系，八十年代是資訊系，九十年代是法律系和政治系當紅——政治在三十年前卻是個禁忌，這些轉變不是我們可以預測的。因此，父母如果依自己的經驗決定什麼是最好的，並把它加諸孩子身上，反而會形成二、三十年的落差。

想一想，成長的背景是如何影響你的抉擇或判斷？是否因為家裡有人當老師，你看到了當老師的好處；或是家族中有許多人從醫，覺得有熟悉感，而影響自己和孩子的生涯規畫？如果這是父母的決定，這樣的生涯適合孩子嗎？這是他自己想要的嗎？

我輔導過一個學生，他覺得考上醫學系對他來說是一種懲罰；他從小成績一直很優異，卻沒有選擇的自由，似乎全世界的人都認為他應該選擇醫學系，沒有理由棄醫從文或高分低就。

一般人都希望有一份穩定的工作，但必須考慮到這樣的生活形態是不是自己所要的？以醫生為例：一大早就要到醫院看診，有時還要參加醫療研討、教學、做研究……一天工作可能超過十二小時；如果你的特質是喜歡悠哉游哉的過日子，一旦成為醫生，心理上的壓力可能很大。

只為生活而工作其實是很辛苦的。在選擇科系與未來的生涯時，要評估自己的性格與氣質，和所要選擇的工作形態是不是相符合？若是能把工作和生活結合在一起，工作是手段也是目的，會讓人感覺比較幸福；而且，工作本身是自己所感興趣的，才可以優游其中，充分享受那個過程，做起事來更加如魚得水、事半功倍。

剪斷心理臍帶，幫助孩子不再依賴

人生中總會有一個想要探索自己人生方向的階段，這段期間短則三年、長則五年。很多人在十八歲之前沒有機會思考未來的人生要怎麼走，因為父母親通常只要孩子把書念好，其他的一切都替他打理好了；一旦進了大學，他反而覺得自己很無能，連基本的生活能力都沒有培養好。

這時，他面臨的另一個困惑是：我是誰？我要開什麼花、結什麼果？他對時間的安排、金錢的運用等方面開始有自己的想法，不再把時間都花在讀書上，而覺得參加社團和讀書一樣的重要。父母面對這個情形，若仍沿用舊的關係模式想要控制孩子，就會開始覺得管不住了。「咦？怎麼十一點了還沒回到宿舍？上哪兒去了？」像這樣的問題就會不斷產生。因為搞不清孩子的動向，好像孩子的翅膀長硬了就要飛走了一般，親子關係難免陷入焦慮、緊張，甚至權力的拉扯。

其實，這是每個人從小孩成長到大人所必經之「第二次剪斷臍帶」的歷程；第一次是出生時剪斷生理的臍帶，這次剪斷的是心理的臍帶。慢慢的，他將成為一個獨立自主的個體，有自己的人生方向，學習為自己負責。這時，父母應該做的是成為孩子尋找人生方向的左右手，幫助孩子不再依賴、建立自己的人生目標。

幸福的人生除了外在的成就之外，還需要內在願望的實現。所謂「願」，就是「原」來的那一「頁」；原來的哪一頁呢？就是深植在自性當中、與生俱來的那一頁。探索自己，建構符合自己本性的核心生涯目標，充分揮灑潛在的能力，人生才不致有所缺憾！

家庭教養習慣，孩子天天耳濡目染

你心中最重要的人生價值是如何形成的呢？以我來說，小時候由於貧窮，媽媽對於如何賺錢、省錢都有一套，她很會賺錢卻極度節儉。有一次，她投資土地賺了錢，很難得的帶我們去吃西餐；到了餐廳，媽媽替我和姊姊各叫了一客套餐，她自己卻不吃，害我那一餐差點吃不下去……

我的父親因經歷過戰亂的年代，所以養成囤積生活用品的習慣，家裡經常有好幾打牙刷，鹽巴、醬油一堆，還有用不完的衛生紙……有一次朋友到我家，經他點醒，我才發現自己也有這樣的習慣，家裡也有幾打牙刷、用不完的衛生紙……

雖然我不是很認同這樣的行為，但在那種生活模式下耳濡目染，潛意識裡便會覺得「要用時沒得用是很可怕的」；雖然我們家樓下就有好幾家便利商店，我還是不知不覺養成了「有備無患」的習慣與行為，受了父親很深的影響。

你認為人生最重要的是什麼？為什麼它很重要？請你回顧人生中對你而言重要的事；這些事往往自然而然、就在不知不覺中轉移到孩子身上，你會認為這對孩子也很重要。像我媽媽，因小時候家裡很窮，祖母不肯將兩隻豬賣掉以籌措學費供她讀師範學校，讓媽媽一輩子引以為憾，所以一直希望我讀師專；當我放棄念師專時，她還生了很久的氣。

在成長的歲月中，有一度我恨媽媽太過重視金錢，甚至認為她要我讀師專只是為了省錢；在我當時的心目中，媽媽是個守財奴、吝嗇鬼，認為她把金錢看得比我重要。那時常做一個夢：我開了一部大卡車，載著滿滿的錢倒在我家客廳，幾乎把她淹沒。所以，後來考大學填志願時，我不填所有與錢有關的科系，像是銀行、會計、企管等，也與這個心理有關。

增進親子互動，父母角色需要調整

在協助孩子規畫生涯、探索自我的過程中，父母的角色也必須作適度的調整，避免掉入社會既定的刻板模式中，才能讓孩子暢所欲言、把自己的想法說出來，藉此與父母共同交流，增進彼此的瞭解。

例如，你是否能夠跟孩子打成一片、玩在一起？和孩子兩個人手勾手一起去逛街、一起去打球、一起泡溫泉……記得，泡溫泉時可不可以別管他頭洗乾淨了沒？父母往往很難放下父母的角色及「職責」，孩子看父母便只有權威、控制，而沒有瞭解、同理……那使得孩子很難靠近你。

我在大學開了一堂「故事敘說與心理成長」的課程，同學們在課堂上要講出自己的家庭故事。班上三分之二的同學覺得他和父母之間的連結只是課業，這就形成一個僵化的心理劇本：每當父親一靠近，他就預料到父親又要問他的成績了。父親說：「你這學期的成績怎樣？」兒子回答：「還好。」父親不悅的又問：「什麼叫還好？」兒子不耐的回說：「還好就是還好！」於是，一道無形的牆擋在父子之間。

良好的親子關係是要及早建立的；在孩子學習與成長的階段，不要讓親子間的互動只剩下課業層面，而在其他方面都很空洞。

我曾問一個學生：「什麼時候你覺得與父母比較親近、沒有疏離感？」他說，有一年暑假，父親帶他去釣魚，他當時天南地北的和父親閒聊，願意和父親談生活上一些有趣的事；問他為什麼？他說：「那時候爸爸沒有把我當兒子看，比較像是男人和男人之間的對話。」

但是，離開那樣的情境、回到日常生活中時，父親的刻板形象又出現了。親子關係經常會這樣，無形中就掉入刻板的角色關係模式裡，阻斷了

彼此的情感交流。

因為每個父母與孩子都是獨特的，所發展出來的關係自然有所不同，所以沒有什麼標準模式；只要是適合孩子的，就是最好的模式。也就是說，在親子關係中應該是自在、愉快，雙方覺得被瞭解，這就是最重要的。

鼓勵追求夢想，建立自信實現願望

看過《牧羊少年奇幻之旅》這本書，裡面描寫的是：一個充滿夢想的牧羊少年，賣掉三十幾頭羊，隨著沙漠遠征隊橫越沙漠尋找夢中的寶藏，最後實現了自我。在世俗的眼光中，可能認為這個孩子真不務實；因為，三十頭羊代表的意義是可以結婚生子、從此過著安穩的生活，這個孩子卻要捨棄安穩，追求一個遙遠而不確定的夢想。

我們經常告誡下一代說：要腳踏實地，別好高鶩遠！但我覺得，要允許孩子們作夢，會作夢的人才有能力去完成夢想；連夢都沒有的人，就不會有方法和機會去完成夢想。不過，夢想不該是空中樓閣，而是有目標、有計畫的。

心理學家阿德勒（Alfred Adler）說：「我們都需要一個夢幻目標。」他本人得了軟骨症，卻想像自己長得又高又帥；佛洛依德曾說他是一個無可救藥的自戀者，他的自戀其實是極度自卑所造成的。他後來立志苦讀，傾盡一切力量在心理治療上，包括時間、耐心、毅力，不但擺脫了自卑，還成為個體心理學的創建者，提出「超越自卑，追求卓越」的重要理論。

佛洛依德則提出虛構的終極論（fictional finalism）：人對未來要有一種想像，這種想像就是一種夢幻目標；但夢幻其名、獻身其實，能因此鋪設出一個豐富的人生過程，他稱之為生活的風格（style of life）。

人的一生不能如願就會有「怨」；找到「願」——即「自己原來的那

一頁」，才能成為一個發現自性的人；找到自性才會有自信，也才能充分的發揮自己的潛能。如願之後就敢於承擔自己，達到「隨處做主、立處皆真」那種淋漓盡致的感覺，我們都希望能活成這個樣子。

我們可以這麼說：一朵玫瑰花活成一朵如其所是的玫瑰花，才是一朵真正的玫瑰花；一個人活得如其所是，才是真正完整的人。

提供機會探索，適性發展快樂生活

父母給孩子的最好禮物，便是在能力範圍內儘量提供他探索的機會，尤其是從小時候就開始。

什麼是探索的機會？當孩子看到某樣玩具，站在那裡怎麼也不肯離開時，請不要罵他：「玩具有這麼好看嗎？如果你讀書有那麼認真就好！」此時可以和他談一下，瞭解讓孩子流連忘返的原因是什麼？

每個吸引孩子沉浸其間的東西，對他來說都是一個有趣的世界，讓他有機會去探索自己；不要管他是否只是短暫的興趣，也不要管到底適不適合。在協助孩子探索他自己時，我們也不免擔心：「如果他立志要當文學家怎麼辦？」諸如此類。你或許是認為世界上頂尖的文學家很少，而覺得孩子在作白日夢；可是，誰知道他不會是未來的高行健？

請不要再被「男人該做男人的事」、「女人該做女人的事」這樣的分類所制約；未來的世界將是「成為一個完全的人」，比成為男人或女人還要重要。男性也要發展女性的特質，陰柔不代表軟弱，它代表體貼以及敢於求助；女性也要發展陽剛堅毅的一面，即使身邊沒有人可以依靠時，依然可以堅強獨立的活下去。允許如此平衡的發展，人會活得比較快樂。

因此，讓孩子瞭解他的能力，使他有一個恰如其分的人生發展平台；讓孩子瞭解自己的興趣，便會有源源不絕的動力，自然而然的投入所從事

的工作領域之中。

最後要思考的是，在生涯規畫中，一生真的只有一次選擇機會嗎？現在有一種新的生涯觀點認為，未來的世界不再是一生只能選擇一種職業，每個人的生涯每十年都會經歷一次轉換，前十年和後十年甚至可能是一百八十度大轉變，而且都是精采的。

以作家侯文詠為例；他開始工作後的前十年是醫生，現在是作家，他預告未來十年想成為一個導演。已故畫家劉其偉，他職業生涯的前二十五年是工程師，之後的二十年是畫家，在近六十歲時成為人類學家；在別人眼中，這些工作毫無關聯，他卻自有定見而樂在其中，豐富的走完他的一生。所以，不論目前的工作為何，只要能夠樂在其中就得以滿足。

（本文為演講整理摘錄）

認真過生命中的每一天
——樂觀向上的精神力量

教導孩子「認真過生命中的每一天」，除了要培養好的生命態度與好習慣，還要讓孩子對未來有一些理想和希望，陪孩子朝自己的志趣和希望目標前進。

／錢永鎮（曉明女中教師、生命教育課程講師）

我在學校教授「生命教育」；有一天，我的孩子問我：「爸爸，什麼是生命呢？」

我一時愣住了，不知道要從何說起。我只好說：「生命就是每一天的生活，你要讓自己活得更好！」

他說：「我本來就很好呀！即使有時心情不好，但也不會太糟！」

慢慢的，我發現，與其跟孩子談「生命」，還不如跟他談「一天」；因為，人的一天就好像生命的縮影，一天的生命品質如何可以代表你這輩子要怎麼過。這就是我一直想教給學生和孩子的事情。

睡眠質佳，生長和學習都頂呱呱

一天的生活要從「睡眠」開始說起。對國中、小學的孩子來說，睡眠好，考試的成績才會好。孩子在沉睡中，腦子會將當天所見所聞自動整理、歸檔，就像圖書館一樣，所學到的東西才會深深印在腦海中，記憶力才是既深且長的；反之，如果睡不好，他的腦袋瓜必定亂七八糟，無法記住自己所學過的東西。

我們怎麼知道孩子們睡得好不好？在學校午休時，常會看到很多人睡到醒來後發現口水一灘；雖然「有損形象」，但精神特別好。為什麼呢？因為他們睡得很熟。

人在沉睡時，身體會分泌一種生長激素，刺激身高和生理發育；尤其是國中階段，升學壓力很大，更要注意睡眠品質的問題，可別因為睡不好而造成記憶力衰退和長不高。

有些家長問，怎樣檢視孩子睡得好不好？是不是睡眠時間愈長愈好呢？那可不一定！

據生理學家研究，每個人所需要的睡眠時間長短不一，平均是六到八

小時，但也有人睡得比較少；只要擁有良好的睡眠品質，一上床就沉沉睡去，即使時間稍短一些也沒有關係。

第二種檢視孩子睡眠是否充足的方法，是看他早上起床的樣子。如果每天起床都要人家叫，又親又哄的拖上老半天才肯起床，這是「被動型」的孩子；還有時間一到自己就會起床了，這是「規律型」的孩子。但是，規律型的孩子並不是一出生就能夠自動自發，而是漸進式的自我訓練；例如，剛開始需要父母督促他準時上床睡覺、定時起床作息，慢慢的就可以利用鬧鐘來叫他們起床。

如果少了前面的要件——充足的休息和良好的睡眠品質，光靠軟硬兼施、希望孩子一聽到鬧鐘就能自動起床，實在不太可能；很多人聽到鬧鐘響起時，第一個反應就是「啪」一聲關掉鬧鈴，繼續多賴一下床，不是嗎？由此可見，規律性高的孩子都是靠後天慢慢培養的，關鍵就在於孩子小時候的教養方式。

全能父母，讓孩子逐漸失去自主

孩子一出生，最先要培養的是信任；信任媽媽會餵奶、保護他、跟他玩……也信任自己能接受媽媽的愛與別人的關懷。其次則是自主性的訓練。

規律性高的孩子，晚上睡覺、白天起床的時間都很有規律，睡眠品質也最好，一點都不需要父母操心。

「自己的事自己做」，這是一個很重要的管教原則；也許孩子現在的能力還不夠，但至少可要求他們自己的碗自己洗、自己的鞋子自己穿、自己的手帕自己洗……隨著年齡增長，漸漸增加他的自主性範圍，這是在培養責任感方面很重要的一環。

可是，現在的爸媽都會說：「你只要把書念好，其他的我來幫你做。」結果，你就變成「孝順兒女」的標準父母。這種「孝子型」父母不但剝奪了孩子的成長，也會助長他們的依賴性。

我的孩子念低年級時，有一次起床晚了、上學遲到，竟然罵我：「都是你們不叫我，害我遲到！我早就說過好幾遍，早上一定要叫我起床呀！」口氣還很凶呢！當時我聽了就覺得奇怪：明明是你自己不起床，怎麼變成是我們害你的呢？

如果父母未警覺到這一點，將來孩子要怪的事情會越來越多，像是上課忘了帶東西便怪父母沒幫他整理書包等；如此衍生下去，你會發現孩子的自主性一點一滴的消失。

孩子的自主性一旦被抹煞，下一個影響就是「自動性」的消失。現在的老師最擔心的就是學生太被動，不說就不做；為什麼呢？因為孩子從小就被爸爸媽媽限制住，這個不准碰、那個不能摸，不能隨便去做自己想做的事。這會使孩子在知識的追求上，漸漸喪失自動自發的精神。

信任孩子，讓孩子做好該做的事

每個孩子在成長階段都有一段時間喜歡問：「為什麼？」比如，我家老二有一次問：「爸爸，為什麼麵條煮好時會那麼燙？」我說：「當然會燙嘍，因為麵是用熱水燙熟的呀！」他又問：「麵為什麼要用熱水燙呢？」他就這樣一直問，問到我很生氣的說：「吃麵就吃麵，有什麼好問的！」

就像我這樣，通常是因為爸媽被孩子問得很煩，到後來發現自己也不太能回答，乾脆就叫他閉嘴、不准問了。

這種自動性的探索，對孩子日後求學的態度會有很大的影響；如果他好奇時一再碰到父母或師長禁止和限制，將會使他慢慢降低自動自發及興趣，以致在求學時碰到問題，不會自己設法解決。

因此，許多教育心理的書都會告訴家長該對孩子這樣說：「對啊！我們來研究一下，為什麼會這樣子？」把問題丟回給孩子思考；或是說：「我們一起來查查看，哪些書上有寫這個。」跟孩子一起探索。可是，現代父母一來沒有那麼多時間，二來家裡從來不買書，根本無從滿足孩子，解決他生活中的種種好奇心；久而久之，就會變得既被動又依賴性重。

這種自動性和自主性的性格，不是一兩天就可以養成的，而是要從小就教好。怎麼教呢？

就是要「信任孩子」，相信孩子可以自己做，同時也要多鼓勵他做好自己的事；其次則是要讓孩子養成「勤勞」的好習慣，小自早睡早起、自己洗臉梳頭，大到簡單的家事分配，讓他養成持之以恆的生活態度。這就是認真看待生命的第一步！

這些看似與「起床」的動作無關，其實卻是大有關係。只要你細心觀察，孩子睡醒以後，從起床穿衣、刷牙到梳洗完畢，他的動作是慢吞吞還是速戰速決的，就可以瞭解孩子的生活習慣如何。如果他洗個臉要花二十分鐘，你能期待他能時時表現出「精神奕奕」的樣子嗎？不要說是你，連他自己都不會相信。

所以，不妨注意一下，孩子平日梳洗要花多少時間？他的動作是快還是慢？如何在這些小地方上提醒孩子自我管理，建立一定的生活步調，才能幫助他有效率又愉快的度過一天。這是父母親最重要的功課。

●成長陪伴，順著孩子的特質發展

如果家有國中以下的孩子，千萬不要讓他自己坐在那裡想讀書計畫，而是應該陪他先做一部分以後，再跟他討論接下來要怎麼做？除非這個孩子比較成熟，有把握自己訂讀書計畫；否則，我建議老師先給一個讀書建議單，讓孩子按部就班進行，到某一程度以後才放手讓他自己去規畫時間。

這種生活的節奏感要「快」，才會產生「能力滿足感」，讓他感覺到一天過得很有精神。有位台大教授說：「早上起床跟自己講話時，如果習慣說的是好話，就是一輩子的好習慣；如果是不太好的話，這一天可能就毀了一半。」

例如，孩子一起床就對自己說：「我今天會很努力、有收穫。」大大好過一起床就說：「完了，今天怎麼會是陰天？」這在心理學上叫做「自我應驗」。所以，爸媽要示範給孩子看，不要一起床就抱怨，或用表情告訴孩子，今天一定會過得很糟糕。

我每天早上起床就提醒孩子：「起床時，我們要很努力的對自己說：『今天我一定會很認真投入、有收穫！』」久而久之必然會對孩子產生正面的影響。

在日本還有一個很好玩的風氣是，如果家中有人要聯考，爸媽就會帶著全家人跑到公寓頂樓，頭上綁著寫有「必勝」的頭帶，大聲叫出：「XX必勝！」據說，這樣對孩子的信心、士氣有很大的鼓舞作用呢！

最後我要特別強調，除了生活節奏加快、多用正向思考、自我激勵之外，還有其他讓孩子培養好心情的方法，像是吃早餐時放一段旋律輕快、柔和的音樂，或是鼓勵孩子走路上學，藉著大跨步的走路，增進體內新陳代謝和氧氣的吸收，心境自然平和而愉快。

教導孩子「認真過生命中的每一天」，除了要培養好的生命態度與好習慣，還要讓孩子對未來有一些理想和希望，陪孩子朝自己的志趣和希望目標前進。

每個孩子的成長速度不一樣，你不能硬性規定他一定要念普通高中、考大學；應該順著孩子的特質發展，他要怎麼轉，你就陪他怎麼走，才能認真的過好生命中的每一天！

（本文為演講整理摘錄）

愛的存款——親情要靠一點一滴的累積

我一直認為，孩子是老天爺送來讓我們一起學習、而不是讓我們「管教」的；所以，每當有問題發生時，其實是彼此學習的開始。

／方隆彰（台北大學社工系兼任講師）

每次去外地演講或上課，一大早就得出門；有時碰到假日，家人都還在睡覺，臨出門時，太太總會翻個身對我說：「加油！」目送我出門。

簡單的話語，包含著許多關心和支持，讓人感到很窩心；出門時有個人幫你打個氣，那種溫馨美好的感覺，即使只有幾分鐘，日積月累下來，也能使人在心底產生很大的正面能量。人與人之間的關係，就是靠這一點一滴累積起來的，我們稱之為「愛」。

用行動表達對家人的關心

「愛」不是用說的，而是要用行動去做的；尤其是每天一早當我們要出門的那一刻，就是一個很重要的開始。家人平日互動好不好、彼此之間關係怎麼樣，在這個時候最能展現無遺。

有位媽媽，每次要出門聽演講時，孩子便會預先祝福她：「希望媽媽今天聽演講有很多收穫！」或「媽媽，你放心去成長吧！我們會在家裡好好看書、寫功課。」你說，這位媽媽聽了，心中會不會很欣慰、很感動？

這些話語背後所傳達的，不僅是家人的關心與愛，更多的是「信任」——孩子相信媽媽去聽演講，可以獲得心靈上的成長，對家庭和諧有所幫助；媽媽也相信孩子自個兒待在家是OK的，不必擔心自己一不在，孩子就會跑出去或在家作怪。

這就是愛的互動、愛的表現；雙方在簡單的言語中，就能接收到對方的關心與祝福。那種「我真的在乎你、關心你」的感覺，讓人每天出門時，心中帶著滿足與歡喜，高高興興出門，也要平平安安回家；即使外面有天大的艱難或多少危險誘惑，也不致迷失方向，因為家中有人在等著你。

可是，在現實生活中，很多家庭每天早上就是一場緊張關係的開始。「快一點啦！趕快起床啦！不然來不及了，上學要遲到了！」好不容易

把孩子叫起來，又擔心他的動作太慢，來不及吃早餐；吃了早餐又得提醒他，東西不要忘了帶……每天就像作戰一樣，緊張萬分。就算你想出門前來個溫馨話別、深情鼓勵，心情和口氣可能都不會太好。

這就是為什麼很多父母的臨別叮嚀，例如：「到學校去不要跟人家打架，要聽老師的話，聽到了沒？」明明出發點是好意的，卻讓人聽起來帶有負面的指責或要求，孩子怎能感受到父母的用心？

因此，我們要時時提醒自己，親情是一點一滴累積起來的，人與人之間的疏離及隔閡也是一點一滴形成的；我們希望跟別人建立什麼關係，或希望別人如何對待我們，首先要從互動的品質開始。想想看自己可以怎麼做，能讓彼此的感覺變得更好，就在話語和行動中傳達你的珍惜、鼓勵和關心；時間久了，自然就變成一種習慣——不用多說什麼，對方就知道你要傳達的心意，這就是「愛」了！

別讓孩子在家也繃緊神經

我在工作中常聽到許多家長說：「老師，怎麼辦？我的孩子最近變壞了！不但很愛頂嘴，而且口氣很不好；要不然就是不講話，問他什麼，都說沒有啦、煩啦！是不是交到了壞朋友？」

不要忘了，親子互動中的轉變也是一點一滴形成的；從量變到質變，都有一些過去種下的因。如果不瞭解這些變化的演進，一味要求他聽話、順從，只會讓孩子覺得無法跟你溝通，親子關係更加疏離。

比方說，有一個朋友跟我抱怨，自從孩子上了小學，他比以前更忙了，每天都得很早起床、很晚才睡覺，連星期天都不得休息；我問他在忙什麼？跟孩子念小學有什麼關係？

他說，因為每天晚上都要陪孩子做功課，孩子的動作又很慢，常常要拖到十一、二點；而他又幫孩子買了很多測驗卷、要求他一一做完，如果不在旁邊陪著、盯著，孩子就會偷懶。我聽了很意外；他的孩子才念小一就讓全家如臨大敵，再長大一點，豈不是草木皆兵了？

他的孩子從小就很聰明，舉凡家中的親友電話、生日，大大小小的事情，只要跟他講過一遍，孩子馬上就能背下來，數字觀念非常強；現在只不過動作慢了一點，講話也是慢條斯理的，就讓父母擔心得不得了。

你可以想像：對孩子而言，上小學之前，大家都說他的記憶力很棒、反應很快，學習對他來說易如反掌，就像玩遊戲一般；上了小學後，突然要面對一大堆作業和做不完的測驗，心中就開始有了懷疑，覺得自己不夠好，做不到父母的要求。這種負面的想法、自我否定的聲音，一天天累積下來，你覺得最後這孩子會變成父母所期望的樣子嗎？

還有些家長，一到寒暑假就忙著幫孩子安排假期生活。我曾問他們為何不跟孩子討論一下，看孩子自己打算如何過；他們卻對我說：「不行啦！跟孩子討論的話，他們一定是只想到玩！」有個家長就跟孩子約好：假期中有幾天去參加一個營隊活動，回來後得好好去補英文或數學，每天幾點鐘回到家後還可以打打球、游游泳；如果要打電動或是上網，每天也只能玩一個鐘頭。如此一個「超完美」的假期計畫表排出來，孩子的假期生活看來是絕對充實，不會虛度了時光。

我聽了以後卻不禁產生無數個問號：如果在家裡每天都要上緊發條，跟部隊生活沒有兩樣，你自己會喜歡嗎？這樣過日子還有什麼意思呢？我們自己都不喜歡這樣一板一眼，卻要求孩子照表操課，會不會太累了？

別口口聲聲說為了孩子好

表面上，父母口口聲聲說，這些期望和要求都是為了孩子好；可是，進一步追究便會發現，大部分的要求其實是要消除父母本身的不安，像是擔心孩子的學業跟不上、擔心他變壞、擔心他沒有能力自己安排時間、擔心他養成不好的生活習慣……

不論這麼多的擔心有沒有道理，全部集中在孩子身上時，就等於打造了一個超高標準，期待孩子成為完全不犯錯的「聖人」。如果這樣做只是為了消弭自己的擔心，對孩子似乎不太公平。

當孩子年紀還小，他必須仰賴你物質面的提供，無力反抗家中的約束及安排；等到成長到某個階段，像是進入青春期或上了大學以後，就可能會設法擺脫你的控制，你便會覺得：「孩子怎麼會變成這個樣子？」其實，這都是過去點點滴滴累積起來的，只是你後知後覺罷了。

有個媽媽，孩子已經大學畢業在工作了；雖然同住一個屋簷下，但彼此之間幾乎不講話，要跟孩子說話還得透過MSN。因為，孩子一回家就鑽進房內、把房門鎖上，她只好努力去學MSN，才能跟孩子講上幾句話。

「孩子你回來了嗎？」

「是的。」

「你現在在做什麼？」

「休息。」

「你肚子餓不餓？要不要吃飯？」

「吃不下！」

親子之間的互動怎麼會變成這樣？

她承認自己是一個控制傾向非常強的媽媽，從小就要求孩子照著她的方式去做任何事；親子之間意見不和時，她忽略了這是一個「相互瞭解」的過程，總是以自己的想法為標準，堅持「這樣才是對的」，給孩子的感受便是他「怎麼做都錯」。雙方從一開始的劍拔弩張，到後來孩子的話愈來愈少，也愈來愈不想再跟父母說話了。

他今天之所以還住在家裡，只是因為自己尚無能力獨自搬出去；但是，回到家裡仍是能躲就躲，不想跟父母打照面；這是一種無言的抗議，或是說不願意再受到父母控制。彼此的關係從緊張到疏離，都是長期累積下來的結果。

有一次，我在朋友家打電話給我太太，兩個人在電話中不知不覺講了很多話。朋友開玩笑說：「好肉麻啊！兩個人結婚那麼久了，還有那麼多話可說。」我反問他跟太太之間如何溝通，他說：「有什麼事，兩、三句話交代一下就好啦！」

原來如此！這又讓我體會到，兩個人之間若還有話可說、願意說，那是因為彼此信賴、願意瞭解，遇到不同看法時可以溝通，並不是永遠只有「我對你錯」。

當你跟一個人說話時，那個人如果每次在你開口時都「啪」的打回來，你以後還會不會想跟他說話？一定不會。夫妻之間如此，親子之間更是如此。很多時候，我們碰到問題時都急著馬上要做決定；但是，由誰來決定呢？也許在那當下是你做了決定，而事實上那個決定也確實沒有錯；可是，兩個人的關係卻在這裡開始變了！

你以為這樣的互動方式不致影響彼此關係——因為「我都是為了你好」。可是，人是一種感受的動物；當你的處理方式讓對方的感覺不好時，那種累積的力道是非常強大的，很多不滿就是這樣一點一滴累積起來的，千萬不要小看它們！

重建親密關係永遠不嫌晚

我一直認為，孩子是老天爺送來讓我們一起學習、而不是讓我們「管教」的；所以，每當有問題發生時，其實是彼此學習的開始。

記得有一個媽媽曾經對我說，他的兒子想穿耳洞、戴耳環，她不太贊成，可是又不知該如何處理。有很多父母都曾碰過孩子提出各式各樣的問題，在以前我們可能完全無法認同；但是，這個時代的潮流跟我們過去完全不同，你不能用單一的道德標準去判斷行或不行。

你不同意，他卻還是要做，親子之間就完全沒有溝通的可能；如果他事先不告訴你，自己先去做了，之後你豈不是更生氣？所以，既然他願意提出來問你，表示他至少還珍惜這分親子之情，把你放在眼裡，你應該感到高興；同時，也可以把握這個機會瞭解他的動機和想法，而不是用父母的權威斷然的把孩子拒於千里之外，這才是比較積極的作法。

因此，在親子互動中，每一起事件的發生都可能是衝突的開始；這時，做父母的不要總是想「替天行道」，希望自己一聲令下，孩子就照著你的口令做；而要每天不斷提醒自己：「這是一件親子功課，在這事件中我可以學到什麼？」即使你對很多事早有定見，但你的想法並非唯一的答案；與孩子溝通、瞭解他的想法，你們之間才有可能一點一滴的累積交集，而不是一點一滴的把他愈推愈遠。

在這過程中，我們所能做的就是跟孩子一起面對，多尊重、少控制，從中培養他自己去分辨、適應不同環境的能力。就像一顆種子，只要給它適當的陽光、空氣和水，它就能向上生長，並激發出無限的可能；孩子在適當的管教下，便能夠把作為一個「人」該有的素質都發展出來，成為你期待的樣子，這分親情也才會比較長遠。

假如你希望自己教出來的孩子擁有健全的人格，平平安安、健健康康，能夠照顧自己、適應社會，同時也具有良好的生活管理能力，不必擔心他會被外界不良場所迷惑或是被人帶壞；那麼，不管你們過去曾經發生過多少事、相處上有多麼困難，都將它視為過去吧！讓我們從現在開始，看看自己可以做些什麼，一切還不算太遲。親情是一點一滴累積的；跟孩子重新建立親密關係，永遠不會太遲。

（本文為演講整理摘錄）

有愛無礙——愛是解開教養問題的關鍵

父母要給予孩子安全感及信賴感，也要培養他的獨立性、挫折容忍力與抗壓力；當孩子走進社會時，他們就能積極主動，懂得為自己的生命找出路。

／吳金水（前臺南師範學院臨床心理學教授）

有人說，孩子是上天所賜予的最好禮物。奇怪的是，每個孩子在幼稚園及國小時乖巧得有如天使，為什麼有些孩子上了國中以後卻會出現種種偏差行為？

根據心理學研究，孩子成長過程的早期階段，是人格發展的關鍵期；如果教育的方式不當或錯誤，禍根會潛伏至十二歲；當進入青春期、身心發展發生巨大變化時，才開始算總帳。

所以，如果孩子在十二歲以前沒有受到健康、良好的教養，影響必然在十二歲以後陸陸續續出現；這時看到的問題只是結果，原因要往前回溯。

再從人性的觀點來說，每個人內在都有「善」及「惡」的種子；一般說來，善較多而惡較少。所以，年幼的孩子既非天使般完美，也不會如魔鬼般惡劣，教育才能夠有「長善抑惡」之功。

細心灌溉「善」的種子，發展健全人格

什麼是「長善抑惡」呢？就是要在孩子的成長關鍵期為他們提供肥沃的土壤、充足的陽光、空氣和水分，使他們內在「善」的種子得以抽芽長葉、開花結果，善根深植內心，透過循循善誘，將「善」的可能性化為必然性；而當「惡」的種子開始像雜草叢生時，要及時修剪、除去，不要讓它蔓延擴散，避免它演變成為必然性。這便是「長善抑惡」的教育。

由此可知，孩子的成長就像蓋一幢大樓，要先向下開挖地基，把基盤鞏固好，才能一層層的蓋上去；到了國中階段假設是要蓋第五層樓，如果下面的一至四層樓蓋得不夠扎實、仍會搖晃鬆動的話，第五層樓絕對蓋不起來。所以，堅實的人格基盤是孩子健康成長的重要基礎。

據研究，每個孩子的健康地基，大約有百分之六十至七十是來自於遺傳，另外百分之三十則是來自於胎兒時期的經驗。因此，所謂的「胎教」

確實有科學、醫學和心理學的根據。

美國哥倫比亞大學心理研究所約在二十年前即做過一項調查，追蹤嬰兒自出生後到六歲之間的人格發展，有非常重要的研究發現。其中之一是，每個人的人格基盤奠基於在母親肚子裡孕育期間的感受；假如胎兒感受到的是溫暖、慈愛，是受到肯定、接納及歡迎的話，出生後必能擁有安全感與信賴感，未來的人格發展也會比較積極及樂觀進取。

反之，如果這個孩子在母親子宮時總是感受到生命受威脅、不受歡迎、不被接納，出生後便會帶著戰戰兢兢、提心吊膽的恐懼，缺乏安全感，對人缺乏信賴，極易發展成消極、沮喪、悲觀與焦慮的人格特質。

有一位媽媽懷孕時心情很不好，產檢時醫生又告訴她這孩子是唐氏症的高危險群；她想拿掉孩子，但先生不同意，只好心不甘、情不願的生下孩子。懷孕的十個月裡，她心裡每天都是排斥、厭惡的，沒有接受過胎兒。當孩子一生下來，竟然拒喝母奶，而且只要媽媽一抱就哭，只好都由爸爸餵喝牛奶，媽媽整整六個月間都無法碰觸孩子。

當孩子長大到一歲八個月時已經會叫爸爸、伯伯、伯母等親人，就是不會叫媽媽，並且排斥媽媽靠近。這位媽媽非常難過，我安慰她說：「妳的女兒現在才一歲多，還有辦法補救；愈早發現，改變的功效越大。」

我建議她平時多抱一抱、親一親孩子，給孩子大量的愛與溫情；「孩子剛開始會不習慣，一定會排斥；可是，無論如何妳都要嘗試，每天最少要把她摟在懷裡十次以上！」

全心的接納與擁抱，能改善親子關係

人的腦部在θ波的狀態時，每秒鐘周波數只有四至七單位，速度很緩慢，通常是在人躺下將睡未睡、半夢半醒之間出現；當θ波出現時，對潛

意識的暗示作用最強。所以，我教這位媽媽，每天晚上趁女兒剛睡下時附在她耳邊說：「媽媽其實很愛妳、疼妳、關心妳；可是，媽媽要承認，懷孕時曾經想著拒絕你。那是媽媽的錯，媽媽願意改正過來，給妳多幾倍的補償。」這些話要每天重覆講，必能進入孩子的潛意識中，讓孩子接收到正面的訊息。

這位媽媽半信半疑；我鼓勵她，只要持之以恆，快則一星期可看到改變，慢則大約半年便可以收到成效。

於是，這位媽媽白天一有空就抱著孩子，一天十幾次，即使孩子一直閃躲、抗拒，她也不放棄；晚上便在女兒耳邊對她說愛語。如此持續了約莫兩個星期。

有一天晚上，她看著女兒睡著時安詳的臉，突然一陣心酸，對孩子說：「妳已經會叫人了，卻還不會叫媽媽，妳知道媽媽有多傷心嗎？如果妳會叫一聲媽媽，我不知會有多高興呢？」這時，媽媽看到睡眠中的女兒眼角似乎有一滴眼淚，淚水漸漸的愈流愈多；媽媽好高興、很振奮，就繼續和女兒說話，累了就躺在女兒身邊睡覺——這是她第一次跟女兒睡在一起。

第二天早上女兒醒來時，看到媽媽躺在身邊，突然奇蹟似的開口叫了一聲「媽媽」，然後緊抱著媽媽。從此以後，母女的關係愈來愈好，互動也愈來愈熱絡親密。

愛得太多或太少，都會影響情緒的穩定

希望孩子朝正常、健康的方向發展，父母親雙方都應該具備母性及父性的角色。

「母性角色」指的是擁抱及拉近的愛，給孩子溫情、體恤、關懷、照

顧，也給他鼓勵、獎賞、安慰、接納，這是孩子最基本的安全感與信賴感的來源，也是情緒穩定的基礎；假設孩子缺乏母性角色的愛，這孩子一定沒辦法正常發展。

動物學家曾將母猴生下的六隻小猴子分成兩組，其中三隻由母猴親自帶，每天給牠抱抱、親親、餵母乳；另外三隻一出生就把牠們關在籠子裡，沒有跟母猴接觸，但食物、玩具等應有盡有，唯一缺乏的是母愛。三個月後，有母愛的小猴子活潑可愛、情緒穩定，另一組缺乏母愛的猴子情緒激動、在籠子裡團團轉；四個月後，有母愛的小猴子更加活潑，另一組猴子不但繼續團團轉，甚至用頭去撞牆，因而頭破血流或昏倒。五個月後，放出兩邊的小猴子；有母愛的小猴子，因有充分的安全感與信賴感，看到其他的小猴子就迎向前去碰觸肢體；另一組小猴子看到其他猴子走近時，全都嚇壞了，躲到牆角發抖，給牠鼓勵、支持都無濟於事，不跟其他猴子來往。可見，在孩子小時候給予足夠的愛、溫情、體恤及關懷，是非常重要的。

雖說不能缺少「愛」，但也不能漫無限制。因為，「愛」就像我們給予花草樹木生命的水；沒有水就沒辦法長大，太多水的話植物也會爛掉。所以，「愛」的方式到某一個階段就要轉變。

從胎兒時期到兩歲前，應該給孩子母性角色的愛；當孩子兩歲左右、開始嘗試摸索及站立時，便要加上「父性角色」的愛，也就是「推開的愛」、「切斷的愛」。用父性角色的冷靜、果斷、毅然決然、敢做敢當，來培養孩子的容忍力及堅定的意志；當孩子有不良行為時，該指責就指責、該教訓就教訓。因為，父性角色就是要修正錯誤行為，讓孩子為自己的行為負責，在孩子十二歲以前逐漸培養其獨立性、自主性、抗壓力；假如沒有這一點，孩子的人格成長就會有偏差，無法健康成長。

予取予求的寵溺，只會助長任性

記得我在台南醫院諮商門診時，有對父母為了女兒怠學的問題前來求助。孩子升上國一以後，經常抱怨上學時間太長、教室沒有冷氣、也沒有電動玩具、很無聊，因此不肯上學。父母稍微說她一下，她會躺在地上口吐白沫或大發脾氣，把家裡的茶杯、碗盤全部砸爛，令人束手無策。

進一步詢問得知，女兒在幼稚園及國小階段也曾出現類似的現象，顯然是長期性的症狀；但是，前後看過好幾位精神科醫生，都說她的腦波正常，神經也沒有病變，一直找不出原因對症下藥。

我問父母：「這個孩子是誰帶的？」他們說，因為是獨生女，除了父母，爺爺、奶奶也對她疼愛有加、有求必應，即使孩子三更半夜開口要糖果餅乾，也會開車出去買回來；予取予求的結果，孩子的胃口愈來愈大，沒有一點自我控制的能力。

這對父母還記得，孩子四歲時，有一次半夜吵著要吃滷肉飯跟鱔魚意麵，爸爸馬上到台南市的大街小巷去找，但是店家都已打烊，只好空手回家；女兒居然當場翻臉，拿起茶杯、盤子砸傷了爸爸。

聽到這裡，我已經完全可以肯定，這絕對不是腦波異常或是神經方面的病變，而是教養上出了差錯，導致孩子形成所謂「帝王性格」或是「自戀性格」——只要我喜歡，有什麼不可以？對別人呼之則來、揮之則去，一旦欲望得不到滿足就大吵大鬧。這樣的教養方式，究竟是愛孩子還是害了孩子呢？

適時推開的愛，磨練孩子愈挫愈勇

一個家裡面如果只有母性角色，孩子便不太容易培養自制力，所以還要有父性角色；因為，從小溺愛慣了的孩子，會變成自我中心、自我本

位，變得任性、野蠻。

孩子兩、三歲之後就要培養其獨立性、自主性；他自己可以做的事情，家長不要越俎代庖，讓孩子學會管好自己。獨立性包括生活獨立、經濟獨立、情緒獨立、思想獨立……假使父母親一直保護、照顧過度，孩子就會軟弱無力；比如很多家長會為孩子做筆記、作習題，孩子便會依賴成性。孩子需要長大，我們不能不試著推開。

所有動物都是如此。例如，小鳥出生後，親鳥會一口口的餵養；小鳥羽翼漸豐，等到時間差不多了，親鳥就會把小鳥推出鳥巢；小鳥會很緊張的又飛回來，親鳥就再把牠們推出去，如此一而再、再而三。這就是推開的愛、切斷的愛，讓孩子接受磨練，才能培養堅強的意志；即使遇到困難，也要接受挑戰。

這種「推開的愛」，心理學家認為從前的父母親都有；可是，最近這

二、三十年，經濟生活豐裕，物質生活越來越好之後，大家還以為自己可以長生不老，把孩子照顧得無微不至；當孩子一旦離開家庭的庇護，挫折與打擊一來，便容易一蹶不振。

父母要給予孩子安全感及信賴感，也要培養他的獨立性、挫折容忍力與抗壓力；當孩子離開父母、走進社會時，就能夠積極主動，懂得為自己的生命找出路。

（本文為演講整理摘錄）

國家圖書館出版品預行編目資料

打通親子的任督二脈 / 蕭文等主講.
泰山文化基金會編著 -- 初版. --臺北市：
慈濟傳播人文志業基金會, 2011.05
256面；15x21公分
ISBN 978-986-6644-56-6（平裝）

1.親職教育 2.親子關係 3.親子溝通 4.文集

528.207 100005411

打通親子的任督二脈

創辦者 釋證嚴
發行者 王端正
編著者 財團法人泰山文化基金會
主講者 蕭 文／蘇麗華／黃心怡／馬信行／陳龍安／林覺隆／林文瑛／吳澄波／郭麗安／董媛卿／周美德／林玟瑩／張資寧／黃素菲／錢永鎮／方隆彰／吳金水
出版者 慈濟傳播人文志業基金會
11259臺北市北投區立德路2號
客服專線 02-28989898
傳真專線 02-28989993
郵政劃撥 19924552 經典雜誌
文字整理 謝蕙蒙
責任編輯 賴志銘 、高琦懿
美術設計 尚璟設計整合行銷有限公司
印製者 禹利電子分色有限公司
經銷商 聯合發行股份有限公司
新北市新店區寶橋路235巷6弄6號2樓
電話 02-29178022
傳真 02-29156275
出版日 2011年5月初版1刷
2020年2月初版10刷
建議售價 200元

為尊重作者及出版者，未經允許請勿翻印
本書如有缺頁、破損、倒裝，請通知我們為您更換
Printed in Taiwan